△田字格兴隆实验小学正门

△田字格兴隆实验小学读书廊

△田字格兴隆实验小学立人堂

△公共议事课,师生共同讨论学校大小事务,最后一人一票进行表决

△生命课答辩

△劳作

△研学——行走在山水间

△采访村民

△ 每周一次的大舞台分享

△ 大自然中的课堂

学生作品

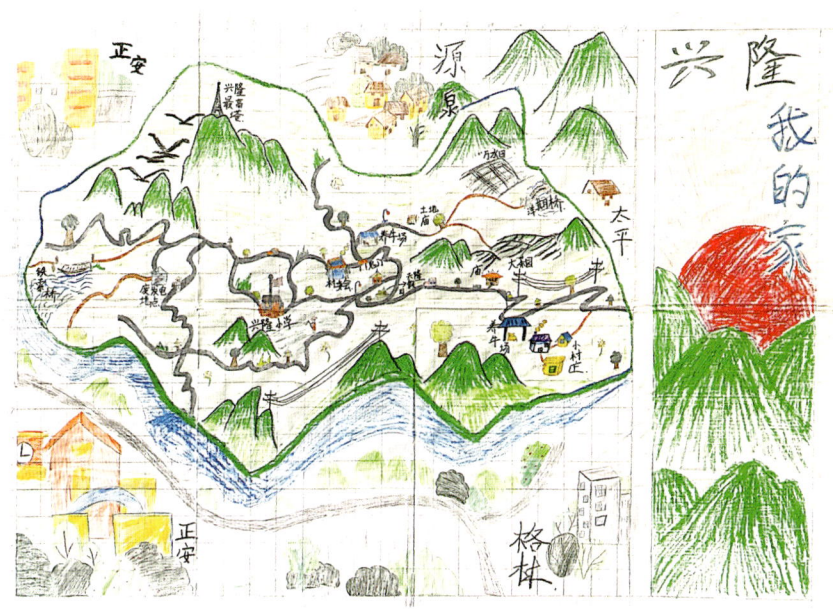

△ 2018年春,六年级学生手绘兴隆村地图

△ 2018年春,六年级学生"寻找兴隆疆界"主题课成果

△学生手绘明信片

△学生手绘明信片

谨以此书献给
长期支持我投入公益事业的家人
以及陪伴我一路走来的伙伴们！

田字格的使命
以乡土人本教育创新推动乡村教育公平

田字格的愿景
让乡村娃在家乡享有属于他们的好教育

乡土人本教育新探索

——读肖诗坚《大山里的未来学校》

钱理群

本书的作者肖诗坚曾在三年前办学之初来访，与我交流她的办学设想，今日她托友人将书稿送我，并希望我说点什么，我也欣然同意。原因就在于她在贵州正安县兴隆村所作的"乡土人本教育"，是我特别感兴趣的，所谓"心有灵犀一点通"，我确实有话要说。我的兴奋点，不仅在于她给我提供了我视为第二故乡的贵州农村的新信息，更在于她所从事的农村教育实验是我多年来一直想做而做不了的。早在2007年我就已经提出，"农村教育事实上是中国教育的一个最薄弱又是关键性的环节"，或许正因为如此，它"反而存在某些应试教育没有完全占领的空间，为进行理想教育实验提供了某种可能性"。因此，我认为自己"应该做'雪中送炭'而不是'锦上添花'的事"，把对教育改革的关注和参与转向农村教育。但我又陷入一个困境：如果说为城市教育改革我可以直接到中学去上课，但受到年龄和身体的限制，我已经无法深入农村教育第一线，"只能做一些思考，充当'吹鼓手'"（见《我为什么"屡战屡挫，屡挫屡战"》，收于《我的教师梦》）。此后近10年里，我也确实写了《乡村文化、教育重建是我们自己的问题》《我的农村教育理念和理想》《民族地方性知识与乡土知识》《有这样一位农村教师》《给农村教师"讲三句话"》《和即将去农村的师范生谈心》等10

多篇文章。但我自己心里明白:这都是"纸上谈兵",心是虚的。了解了这样的背景,就不难理解,我看到比我年轻的一代,实实在在地做乡村教育实验,还取得了实实在在的成果与经验时,我内心的激动、感慨:它给了我一个机会,检验自己的农村教育理念、理想,并获得新的启发,引发新的思考,心也就踏实了。

我首先要说的,是作者的"乡土人本教育"实验所提出的核心概念,引起我的强烈共鸣,主要有三。

其一,"唤醒乡土之情"和"生命传承的本性",让"农村子弟有根基,有底蕴"。

我注意到肖老师对乡村孩子生命成长过程中精神状态的变化的一个观察与描述:"随着年龄的增长,灵气会变木气","更多的孩子目光中会出现茫然与困惑",这一发现和揭示,是触目惊心、很少有人敢于正视的。肖老师特别强调,"当我们跟踪这些蹒跚走过独木桥的农村孩子的后大学时代时,我们悲哀地发现很多娃的命运并没有因上大学而改变,他们面临就业难、在城市生存难的困境。而此时,他们对乡土也没了感情和依恋",因而"对未来的生活充满迷茫、困惑和惆怅"。我也有机会接触到这些"后大学时代"的农村孩子,同样为他们的迷茫、困惑而震撼,并和肖老师一样,引发出一个带有根本性的人的生命和教育的命题:如何认识"自己脚下的土地"。并尖锐提出了年轻一代(包括农村的孩子)的"失根"危机:"我们现在面临'釜底抽薪'的危险:当人们,特别是年轻一代,对生养、培育自己的这块土地一无所知,对其所蕴含的深厚的文化,厮守在其上的人民,在认识、情感,以至心理上产生疏离感、陌生感时,就在实际上失落了不只是物质的,更是精神的家园。当他们逃离土地,远走他乡与异国,就走上了永远的'心灵的不归路';即使不离乡土,也会因失去家园而陷入生命的虚空",我们都注意到的这些"后大学时代"的农村孩子就是这样,既不能真正融入城市和异国生活,又不愿回归农村,成了"两头都不靠"的漂泊者。"这不仅可能导致民族精神的危机,更是人自身存在的危机:一旦从养育自己的泥土中拔出,人就失去了自我存在的基本依据,成为'无根'的人"。由此延伸出的,是一个"重大的教育课题,也是精神建设的大课题":和年轻一代一起,去关注与研究"自己脚下的土地","去发现、认识其中深厚的地理文化和历史文化,去与祖祖辈辈耕耘在这块土地上的父老乡亲们对话,共同感受生命的快乐和痛苦,从中领悟生命的意义与价值,并将这一切融入自己的灵魂与血肉中,成为自我生命的底蕴与存在之根,这就为以后一生的发展,奠定一个坚实、丰厚的精神底子"(《认识我们脚下的土地》,收于《贵州读本》)。在我看来,这也正是"肖老师们"从事的"乡土人本教育"实验的初衷和核心追求:我们想到一起了。

这背后还有一个如何发挥农村教育的独特优势的问题。这也是肖老师在书中一再讨论的:"农村人对自己(不同于城市的)差异化的优势认识不足",就造成了"本土教育资源未充分挖掘"的缺憾。许多"地方教师""对本地地理、天文、民俗、历史都有丰富的知识和经验,却在体制教育中玩不转"。而"五谷蔬菜,节日节气,山川河流,民俗风情,家族祠堂,这都是极好的教学素材,孩子们可以随时随处学习属于自己的文化。在祖先智慧和文化的浸泡中成长的孩子才会茁壮"。这些论述都让我想起了自己也曾经讨论过农村教育的二大优势:第一就是"农村本土的地方文化,民间文化";"还有大自然的熏陶",就像肖老师所描述的那样,"面对自然和宇宙万物","当孩子在晨曦中感受、欣赏山谷中的云雾时而漂浮不定时而扑面而来的神奇和美妙时,他们怎能不对大自然充满好奇?当我们的孩子和老师一起观察记录植物的发芽、幼苗的生长,体会生命的脆弱时,他们怎能不对生命产生悲悯之情?"这就是我所说的,"'人在大自然中'。这本身就是一个最基本的、最重要的,也是最理想的教育状态。脚踏大地、仰望星空,这样的生存状态,对人的精神成长,可以说是具有决定意义的"。而农村生活方式,"全家人在一个庭院里朝夕共处,邻里间鸡犬相闻,来往密切,这就形成了充满亲情、乡情的精神空间,自有一种口耳

相传、身教胜于言传的教育方式,这对农村孩子健康成长的影响是潜移默化而又深远的"(《我的农村教育理念和理想》,收于《我的教师梦》)。这都表明,在农村学校进行"认识脚下的土地"的教育,是有得天独厚的条件的,可惜长期以来,我们都"抱着金娃娃讨饭吃"。以此来看"肖老师们"的"乡土人本教育"实验对乡土教育资源的自觉吸取,意义十分重大:他们开辟了一条能够发挥乡村教育优势的广阔的新路。

第二,这也是对中国教育(包括乡村教育)知识体系和教育体制的重要改造和发展。我曾经谈到,中国现行的教育知识体系实际上是"跛脚"的,畸形的。据专家研究,健全的知识体系,应该有两类知识:"民族、地方性知识、乡土知识"与"主要由文化精英创造的,超越地方、民族文化的,意在求同的、分学科研究的'普同性知识'"。它们都是"人类认识客观世界的不可或缺的一翼"。"两类知识之间不存在是非优劣之别,反而是需要互相依存,交错制约"。我们现在的问题是,民族、地方、乡土文化全面流失,"学校教育变成了单一的普同性知识教育",就造成了"知识、文化传承的阉割",导致"人的发展趋同,忽略了民族、地域与生命个体的差异性,造成人格畸形"。从这一角度看,"肖老师们"的乡土人本教育实验,"它的实质,就是地方性乡土知识的重新建构,将地方性乡土知识纳入学校教育的知识体系和教育体制,使普同性知识与地方性知识有效接轨","可以说这是对中小学教育的一个知识体系的重要改革和完善,同时是对高度集中化、趋同化的教育体制的一个突破,为地方教育,学校教育的个性化发展打开了一个空间"(《民族、地方性知识与乡土知识》,收于《论志愿者文化》)。

其二,肖老师们的"乡土人本教育"实验的另一个核心理念是"和谐永续":"教育是帮助学生找到自我,了解如何和自己相处,与他人相处,与环境相处"。

"相处应该是自然、自在、和谐地相处。如此,自然、社会、教育才能永续"。这同样引人深思。我想起梁漱溟先生的一个经典看法：人的一生，就是处理三种关系：人与自然的关系，人与他人的关系，以及人和自己的关系。这也是教育的基本任务：为人一生处理好这三大关系"打底"，奠定一个良好的基础。而我们这一代人，人生的最大问题，就在于从小受到"与天斗，与人斗，和自己斗，其乐无穷"的教育，在与自然（环境）、他人和自己"相处"时，都搞得极度紧张，一辈子活得"太紧，太苦，太累"，也"太虚，太假"。正因为吸取了这一沉痛教训，我对"肖老师们"的教育理念中强调"和谐地相处"，就特别能感受其中的分量：这是抓住了人的生命成长与相应的教育的关键。

在我看来，贯穿于"肖老师们"的教育实践的一个重要方面，除了前文已有讨论的人与自然的和谐之外，还特别强调"团队，合作"。他们对孩子们如此说，"未来的世界，合作是一种生存能力。你们需要记住，一个人的力量是渺小的，集体的力量是强大的。一个人走路会很辛苦，有团队陪伴才能走得更远"，"你要懂得学会帮助他人。因为你的成长是在很多人的帮助下取得的。所以在可能的情况下，你要去帮助别人。这个世界上，总有人比你小，比你弱，需要你的帮助"。在团队精神的培育中，"肖老师们"专门开设了校园公共事务议事课，让孩子在"小小年纪就有机会参与学校管理"，懂得公民的"权利和义务"。肖老师特意将这门课的授课地点安排在"立人堂"就是因为培育现代公民确实是"立人"教育的一个重要方面。

我注意到，肖老师的乡土人本教育还有一个核心课程："日修课"，"设有诵读经典的晨诵、晨礼、暮省、古训等"，这显然是对中国传统教育的自觉传承。这又使我联想起曾经关注过的中国书院教育，它也设有这样的"日修课"。书院教育的最大魅力，就是"从夫子游"，"携弟子游"——师生一起，"在大自然中做放荡纵情的神游"，"更多的时间是海阔天空地神聊，做无所顾忌、无所不至的精神漫游"，更有"通向内心"的自省，所谓"晨诵"，就是在万物沉寂之中与先人对话，并沉浸于自己心灵的深处。这样，就真正达到了"三和谐"——与自然的和谐，人与人之间的和谐，以

及自己内心的和谐（《我的书院教育梦》，收于《我的教师梦》）。在我看来，肖老师的教育实验也内在地具有这样的书院教育精神：从小播下这三大和谐的种子，就真正为孩子一生的精神成长"打了底"。

其三，"走向未来"："培养的孩子是未来的孩子，他们需要具备可以适应未来社会需要的品德及能力"。

于是，就有了肖老师和孩子父母们的谈话："各位父老乡亲，现在外面的世界发生了翻天覆地的变化，上海今天出门已经不带钱包了，人工智能已经可以下围棋、象棋战胜世界冠军了，我可以在正安或上海控制我家里煮饭的时间和空调温度。这些都是正在发生的事儿。等再过五年十年，世界的变化会更大，那时世界需要什么样子的人？"——这是一个前沿性的话题，也同样具有关键性：它关系着我们的教育与我们所处的时代的关系，更关系到教育未来的发展方向。

其实，早在2013年我也做过类似的讲话，而且是直接对着"青年朋友"说的："未来三十、四十、五十年间，也就是你们人生的主要阶段，你们将面临一个什么样的世界，将面对时代提出的什么问题？为此，应该做什么样的准备，你们准备好了吗？"我当时谈了未来可能遇到的三个问题："人和大自然之间的不断较量与协调"将成为未来三十年，以至更长时间的时代主要内容、时代主题词，这就必然带来人与人之间关系的变化，引发新的伦理问题，以及对经济、社会发展模式的重新选择；未来三五十年，"将是一个对现行的社会制度、发展模式，也就是人类发展至今的各种文明形态（美国文明、欧洲文明、中国文明、伊斯兰文明、印度文明等）进行全面反省、反思的时代"，这将是一个"由文明危机引发的变革、调整，最后达到文明交融的时代"；我们将面临的更大问题，"是科学技术的新发展、新变革所带来的层出不穷的新挑战"。最重要的是，从现在开始，就要为迎接这样的时代"做好准备"——"精神、知识、理论的准备"，以及"实践的准备"。我最后这样问道："这些未来三五十年的问题，你们想过了吗？

你们做好准备了吗？"（《青年朋友，你们准备好了吗？》收于《二十六篇：和青年朋友谈心》）。写到这里，我突然想到，这个七年前提出的问题，不也正是今天世界疫情以更加尖锐的方式提出的问题，是"疫情后"的中国与世界所必须面对的问题吗？因此，同样要问的是，我们准备好了吗？

在我看来，"肖老师们"是自觉、不自觉地有所准备的，在某种意义上，他们的乡土人本教育实验，就是我所期待的为未来做"实践的准备"。肖老师在她和孩子家长的谈话里，特别谈到"人工智能"，这就抓住了未来中国与世界最基本的特征：人类将由"农业时代"、"工业化时代"进入"人工智能时代"。尽管现在的中国农村总体上说，还是处于从农业时代向工业化时代过渡的历史阶段，而对全国来说，却正在由工业化时代向智能化时代过渡，这就会对农村的发展产生深远影响。农村教育必须提前做好准备，因为它要为农村孩子的"未来的发展"负责。这也就决定了中国农村教育的双重性和相应的双重任务：一方面，农村教育还处在"工业化时代的教育"阶段，必须为培养工业化时代需要的人才而努力；另一方面，它还必须为向"智能化时代的教育"过渡做准备，为智能化时代的人才打基础。我注意到，"肖老师们"的教育实验里，一直有意识地引导农村孩子学习、掌握"网络技能"，就是在为工业化时代向智能化时代过渡做准备。但必须承认，在人工智能的学习与运用方面，无论硬件还是软件，农村与城市相比，显然处于落后地位。在这方面的教育也就面临着更大的困难，这可能是"肖老师们"下一步实验所要面临和处理的难题。

最根本的是，要从打基础做起。在这方面，"肖老师们"也有更大的自觉性。他们明确提出，乡土人本教育的目标与任务，就是培养、训练学生"发现问题，主动学习，解决问题的能力"，使其逐渐"成熟稳固"；激发农村孩子的"学习原动力——对兴趣、探索、创造力和想象力的呵护、激发和追求"；"保持终身学习的热情与精神"。强调"掌握学习工具，学会思维方法，远比获取知识的学习更为重要"，同时特别设立语文、数学、英语及计算机等专科教学，加强"乡村的基础技能及知识的学习"。其中始终

贯穿着为孩子"终身学习"打基础的教育指导思想,这都是基于对"未来时代"的一个基本把握与认识。"人工智能"时代,就是"知识经济、社会"的时代,可以说,人工智能和人类智力的结合,将是未来经济、社会、科学技术发展的基本方式。智力的开发就自然成为未来人才的培育、发展的核心,这就需要"终身学习"。我们说,要为未来社会和人的发展做准备,最关键的就是教育的准备,而教育的准备,关键就是为终身学习打基础。这也是"肖老师们"的实验给我们的最大启示。

就我个人而言,"肖老师们"的实验对我最有启示的,是他们的"生命教育",在三个方面都引发了我新的思考。

肖老师明确指出,"认识生命,了解生命,实现生命的价值,这才是教育的根本";最难能可贵的是他们的实践:"老师们无时无刻不在和孩子谈生命——自然上的生命,社会中的生命,甚至宇宙中的生命",还拿出专门时间和孩子探讨生命:"我(们)是谁?我(们)从哪里来?我(们)往哪里走?"不仅神采飞扬地谈生命的"唯美,神秘",还神情淡定地讨论生命中的"死亡",引发"孩子们对生命的好奇"。于是,就有了"学生们的提问":"为什么会有生命?如果没有生命,世界会是什么样子?""生命是如何形成的?生命有多少种类?""月球上有生命吗?太阳是怎么来的?石头是生命吗?叶子是怎样的生命?""怎样通过艺术把生命画出来?怎样用音乐表达生命?""生命为什么会有死亡?不死,行吗?我们死后会去哪里?人死后再次投胎会成为各种生物吗?""宗教是什么?"等等。还有对生命的描述与礼赞。"生命是什么?生命是人类的宝贝,它无处不在:在山里,在花里,在小鱼里。""生命是一种感觉:你看得到,也摸得到,有些会动,有些不会动。""生命是地球和大自然,是人类和花草的沟通,是人类对太空的探索,是人类的未来。""生命是什么?我就是生命。"等等。真是像肖老师说的那样,"生命课精彩如生命,教育本该让生命精彩如此"。确实太迷人了!肖老师说她后半生的追求是"城乡教育平等"。其实在我看来,她的生命课实验如此引导村里的孩子畅想人间万物与宇宙,畅谈生与死,早已经超越了当今中国的城市教育了。

这其中更有教育格局、方式、方法的创新：他们自觉地将艺术、哲学、科学等四大领域引进小学生的生命课程，极具创造力和想象力地用孩子可以接受的戏剧的形式，让哲学家苏格拉底、柏拉图，科学家牛顿，佛教大师玄奘及艺术家雅克·达维特，"穿越时空"，来到边远贵州山区的兴隆实验小学和孩子们"相遇"，共同"从不同角度讨论一个问题：生与死"。这样的人类文明史上的大师进入农村课堂，确实非同小可。从此，中国的乡村教育就具有了人类视野，世界眼光，并且与民族、地方、民间文化视野和眼光有机结合在一起，做到既以乡土为根，又超越乡土。这是我们这代人从事的乡村教育不可想象的。

这当然绝非偶然。肖老师说，他们自觉地"大量使用一些国际先进的教学方法，如混龄、项目式教学，主题情景教学"，以及"研究型教学"等。我们也因此注意到新一代的乡土人本教育的创始人、实践者的知识、文化背景。像肖老师就不仅受过国内和国际一流教育的培养，而且还有担任跨国公司中国大区市场总监这样的实践经验。这更是提醒我们注意：肖老师们从事的乡土人本教育实验，是全球化时代的乡村教育改革，既立足本土，又面向世界，对传统乡村教育和改革既有继承，更有发展与超越。这正是我所期待的。

最后要说的是，我和"肖老师们"都十分清醒地意识到，在当下中国进行这样的民间农村教育改革实验，本身的局限也是明显的。主要有两个方面。

肖老师说得很清楚："支教既不能改变乡村教育现状，也不能让乡村教育重获生机"。这也是我一开始参与到农村支教支农志愿者运动时的一个基本认识。我在2001年的一次公开演讲里，就谈到两个值得深思的现象："整整一个世纪，中国知识分子、中国青年可以说是'前赴后继'地奔赴农村，走向民间"，"尽管知识分子每一次到农村去，都产生了不同程度的影响，但大多是'雨过地皮湿'，中国农村的政治、经济、文化、教育全面落后与

贫穷状况没有发生根本的变化"(《中国知识分子"到农村去"运动的历史回顾》,收于《论志愿者文化》)。原因就在于中国农民的主体性的缺失,他们永远只是"被帮扶"的对象,却没有任何掌握、改变自己命运的权利和相应条件。外来的帮扶者走了,一切恢复如旧。今天的中国农村教育和改革的问题,也正在这里。如肖老师所说,"农村教育的真正改变需要也必须由乡村老师来完成","农村的教育应该扎根农村,农村教育需要在乡土之中孕育而生,而不是简单地从城市移植"。而无情的现实却是乡村学校"有爱心有责任心的老师"的严重缺失,现在的农村教育里充满"体制性的谎言",必然导致教师"人格分裂",最后只有选择"混日子"。当年我在关注农村教育时,最为担忧的,也是中国农村教师的三大贫困:"物质的贫困"、"权利的贫困"与"精神的贫困"。由此而形成了农村教师的四无状态:"或'无助',想做事而无人支持;或'无奈',想做的事情没有办法去做;或'无望',看不到自己的希望何在;或'无为',无所作为,陷入孤独、孤立的困境。"应该说这些年农村教师的物质贫困问题已经引起了关注,逐渐有所改善,这也算是一个进步。现在需要的是,在此基础上,进一步"建立农村教师'赋权'和'增能'的长效机制"(《我的农村教育的理念和理想》,收于《我的教师梦》)。但恰恰是这一根本的问题至今也没有提上中国农村教育和改革的议程,因为它触及中国教育(包括农村教育)现行体制中的既得利益集团的特权和利益,这才是中国农村教育的瓶颈所在。

肖老师还谈到,"支教只能给奄奄一息的农村教育补充点维生素,没有改变问题的根本",这可能是单一的支教的另一个局限。正如肖老师一再强调的,中国农村教育的根本问题是"完全以城市为导向"。如前文所讨论,肖老师们的乡土人本教育实验,在国家教材之外,编写乡土教材,设立相应的乡土教育课程,都是对现行"城市导向"教育偏差的一个自觉弥补,自然有不可低估的意义和作用。但这毕竟只是"补充",并"没有改变问题的根本"。事实上中国以"城市为中心"的教育已经形成了制度与体系,"这个教育体制"对农村的孩子"有太多的不利机制和政策","从教育的规划到课程的设置,到教材的编写",到"考试制度"(考试内容,出题,评判标准,等等),"甚至教学时间的安排",都是以城市为中心,根本不考虑城市与农村的"差异性",这就导致了中国农村教育中"农村的独立性与主体性"的制度性缺失。肖老师担心,这样的制度性不平等问题不解决,教育的任何改革都会适得其反,"更灵活的应试招生制度只会让我们的乡村孩子面对的竞争更不公平"。肖老师因此提出,"农村教育需要差异化的乡村教育政策,甚至是法律的保护","中国需要《乡村教育振兴法》——一个以乡村学生为主体的法,就教师、课程、教材进行全面立法,确保乡村教育的振兴,确保乡村学生及教师的利益"。她强调,"乡村教育的振兴,不仅需要资金的投入,更需要的是对教育本质的认识。教育的本质是人,是对人的尊重。这需要法律的保障,制度的改变,思维的革新和善良的启蒙,还有责任的担当"。这就真正说到点子上了。

"中国乡村教育的改革之路艰难,道阻且长,虽千万人吾往矣。"

2020年9月19—21日急就

探索农村教育的未来模式

杨东平

对很多放弃城市舒适生活的志愿者来说,到农村学校支教是一种体验、一次"奉献";而对肖诗坚和她的团队——一个致力于在偏僻贫困的大山顶上打造一所农村的"未来学校"的团队来说,就不再是一种"探险",而是一个真正的传奇了。

田字格原先是从事乡村支教的非政府组织(NGO)。渐渐地,肖诗坚认识到志愿者支教只是给奄奄一息的农村教育补充点维生素,既不能彻底改变乡村教育现状,也不能让乡村教育重获生机,无法从根本上解决问题。她坚信农村教育应该扎根农村,需要在乡土之中孕育生长,而不是简单地复制移植城市教育。农村教育的真正改变必须立足于乡村老师,依靠乡村教育家。于是,田字格从支教进入办学。2017年初,贵州省正安县人民政府、教育局正式委托他们在格林镇兴隆村办学,名为"田字格兴隆实验小学"。

田字格的这一转变,成为中国教育公益转型的一个重要示范。多年来,我国教育公益组织围绕政府普及教育的目标,开展了大量拾遗补阙的工作,包括提供图书、设备、教师培训、贫困生救助,等等,弥补乡村教师不足的支教活动是其中的一大类别。但是,如果深入探究,就会认识到资源型的拾遗补阙,"补"的其实是政府的义务教育职能,"补"了应当由政府做的事;而社会公益组织具有完全不同的社会功能。国外教育NGO的工

作内容,不是弥补政府的供给不足,而是履行一个新的使命:促进社会创新——内容根据存在的社会问题,探寻解决办法。因为政府使用公共财政,只能做正确的事,不能冒险、不能犯错,而市场和企业则有商业的需求和限制。社会创新就当仁不让地成为NGO的核心价值。这也是世界范围内基金会等NGO正在发生的转型——超越传统救济型、服务型的"老慈善",走向以促进创新为主的"新慈善"。

"肖诗坚们"怀抱的是这样充沛的理想和明确的使命,"希望为农村教育寻找一条出路,为山区孩子的教育寻找一个新的模式"。的确,如果说支教是一种弥补,那么办学必然意味着创新,通过回应当前农村教育的严重问题,创造性地探寻解决之道。从陶行知、晏阳初那一代人开始,这一探索已经进行了上百年,而近几十年来中国农村经历了前所未有的大变局,使得这一探索不仅更为复杂艰巨,也更为紧迫、更为悲壮。

田字格从自身多年的支教经历中,反思农村教育的困局。

是农村的教师短缺、待遇太低吗?其实,许多贫困地区教师通常是超编的。是农村教师待遇太低吗?其实,在贵州、云南等西部民族地区,乡村教师享有各种津贴补贴,基本薪资待遇并不比城市教师低,甚至比中部地区还高。然而,宽松的教学环境,体面的收入并没有改变农村教师普遍的工作倦怠现象,他们更为关注的是如何调到乡镇或县城的学校。

另一个现实是村小的学生越来越少。他们大多随家人去了乡镇或是县城的学校。尽管中国城乡差异、地区差异、民族差异巨大,农村义务教育却还全部使用统一教材,内容有明显的城市导向,偏离农村的生活经验,这大大增加了农村学生的学习难度。凡此种种,使得大多数贫困山区的学生很难挤过高考的"独木桥"。八年来,田字格资助的农村高中贫困生累计有1700多人次,资助的学生基本上成绩在学校排在前列,即使这样,每年田娃毕业生升大学的比例也低于50%。严重的问题还在于,即便上了大学,很多农村娃的命运并没有因此而改变,仍将面临就业难、在城市生存难的困境。他们已经对乡土没有依恋,也回不去农村,对未来生活充满迷茫和困惑。

显而易见，以升学为导向的单一的应试教育，难以满足农村学生成长的实际需要，在最好的情况下它不过是造就了一批缺乏生存能力的"小镇做题家"，这是以将大多数农村孩子淘汰、成为学业和人生的失败者为代价的。

进入21世纪以来，农村教育出现前所未有的大变局。一方面，学龄人口大幅度下降。另一方面，在城市化、工业化、市场化大潮中，人口向城镇的流动和集中成为大趋势，农村孩子进城上学成为常态。国家为快速"普九"而采取的"撤点并校"政策，对农村基础教育的格局产生了破坏性的影响，导致农村学校出现日益严重的"城挤、乡弱、村空"的现象。城区的大规模、大班额学校，乡镇的寄宿学校和乡镇以下的"小规模学校"（村小、教学点）并存，后两类学校集中了最多的留守儿童，成为农村教育最为薄弱的底部。

巨大的城乡差异，城市中心主义的政策导向，导致人们厌弃乡土。乡村教育生态的凋敝和文化的"荒漠化"并未停息。"走出大山，改变命运"的口号，成为痛恨乡土的文化标识，也是农村教育异化为纯粹的升学教育的真实写照。尽管大规模的"撤点并校"已经成为过去，但人们仍然在不断地询问农村还重要吗？农村教育、农村学校将会快速消失吗？农村教育现代化的目标究竟是什么，难道就是消灭农村教育吗？

因而，在澎湃不已的社会现代化和城镇化浪潮中，农村教育应当如何定位和发展，是个天大的问题。这需要我们在城乡社会共同发展的新的文明框架中，重新认识农村教育的价值，它的价值可能是多方面的，远远超越了教育本身。哺育了中华民族丰富多彩的乡村文明需要继承、滋养和更新，为新农村和小城镇建设提供文化、价值和生命意义，从而构建城乡居民得以共享的、有别于都市文明的精神家园。传统农业的转型、新农村建设有赖于新农民的出现，通过提升农民的人力资本，形成全新的乡村治理结构。是扩大农村经济能力、提升农村生活质量的重要途径，能扩大教育、医疗、社保、科技、商业、金融等的进入，通过增进"村庄福利"提升"村庄召唤能力"。这也是扩大农村服务业、扩大就业的途径。所有这些，

都指向了农村教育的改善和发展。

在"后撤点并校时代",农村需要什么样的教育,农村学生如何才能真正改变命运,是个具有挑战性的主题。农村教育不应该照搬城市化的应试教育,也不应在单一的升学教育轨道与城市"龟兔赛跑"。农村教育具有完全不同的功能和培养目标,应当能够满足学生升学、进城务工和建设新农村这样不同的需求。作为基础教育,它首先要培养一个阳光自信、遵纪守法、具有学习能力和创业精神的合格公民。因而,农村教育必须走向"为生活而教",应当倡导平民教育、生活教育、公民教育的价值,使教育回归生活、回归社区,与农村的经济建设、文化建设、社区发展紧密结合。同时,农村教育还应重视和传承乡土知识和文化,这在少数民族地区尤其重要。

"肖诗坚们"就是在这样的困局中反向而行,自带美丽优雅的姿态,坚定地在大山顶上行走,一钉一锤地打造这所未来学校。

与"走出大山、改变命运"的愿景不同,她们要培养的孩子,首先是了解家乡、接受家乡,甚至是为乡村而骄傲的;是对宇宙充满好奇,敬畏自然,对生命和未来充满渴望的;是具有相当自主学习能力的。这种办学目标必须落实在具体的课程和教学过程中。肖诗坚和她的团队在外部专家的帮助下,以极大的努力打造全新的课程体系、课程内容,功夫之大,用力之深,都是令人敬佩的。这使田字格的教育创新建立在坚实的教学基础上。他们打造的"乡土人本课程"如一棵大树,在立足乡土、敬爱自然、回归人本、走向未来的四个根系之上,发育出学会做人、学会学习、学会做事、学会共同生活四个主干,缤纷的枝叶包括友善、坚毅、尊重、担当、自信、审美,自主学习、小组学习、互助学习,沟通、生活技能、合作互助、创造,认识自我、认识他人、共同管理、共好永续等许多方面。具体的结构,是构建5+1的课程组织:"5"是指日修课、基础课、轴心课(生命、乡土、人本跨学科综合探究课程)、共同生活课、自修课等课程;"1"是指研学活动、兴隆大舞台、嘉年华等行动与分享环节。

跨学科综合探究课程,采取自由混龄小组、自选导师、自主选题,包括科学组、艺术组、哲学组、传统思想组。2018年秋季生命教育的主题,研究性的选题包括人生能不能重来,面对死亡的感受,生命的诗与歌,植物可以在0℃以下生存吗,佛教是如何解释世界的,孔子的生命观,狗狗为什么会迎接主人,如何让男生宿舍不臭,对比咬了一口的苹果在不同环境下的霉坏情况,等等。我们参与过一次研究性课题的汇报和答辩,各选题的代表发布研究结论,现场回答问题,质疑和讨论。现场气氛活跃,不同年龄的学生各得其乐,把研究和学习做活了。我相信这种跨学科的混龄学习,不在于研究多么严谨、专业,而是基于儿童视角的观察、参与和交流,对提高学习兴趣,熟悉合作学习、探究式学习具有重要意义。

极具特色的共同生活课,包括公共议事课、校园经营、志愿服务三大内容。我参加过在立人堂举行的每周一次的公共议事课。全程由学生主持和组织,由轮值主席汇总学生和老师提出各项议案,大约有十几项,逐一讨论,师生发表不同意见之后投票表决,计票、宣布结果。学生所提的议案多与生活有关,记得有一项议案是"六年级的学生还要不要买新校服",投票的结果是要买,会后问学生为什么,女生说新校服有点好看噢,以后可以做纪念。这种民主管理和公民教育的实践深受学生喜爱。当年陶行知先生实行生活教育时就主张"三自":自学、自治、自强。看到这些来自贫困家庭的学生落落大方,谈吐自如,我看到了这一教育的实效。

如同每个创新型学校那样,对于这种"看上去挺美"的教育创新,举办者面临的主要是关于考试的质疑:"考试成绩怎么样?""离开学校后是否有竞争力?"这的确需要现实地回应。考虑到学生在初中后要回到体制内学校,因此在六年级设有分科教学及应试学习,最大限度地融合主题教学与现有教材。对教育创新,也需要理论自信。办学者都信心满满,坚信对于一个具备自主学习能力的孩子,应试将只是"一件小事"!一个旁证是已经有城里的家长前来田字格"择校",甘愿将孩子从城区送到农村。

田字格的抱负和理想不止于课程、教学和本校学生,还在于改革广大的农村教育。在建校之初确定的目标之一,是学校的"可复制性",通过汇

集优秀教育资源,将田字格建成教师培训基地,为正安县及其他乡村学校提供培训。这一培养"乡村教育家"的行动也正在有条不紊地推进之中。

"一笔一划,我们用心,在田字格上书写明天"。这是田字格公益组织的宣传语。肖诗坚和她的团队正在践行这一诺言,一笔一划地书写着农村教育的明天。对此,我们充满美好的期待。

2020 年 10 月 15 日

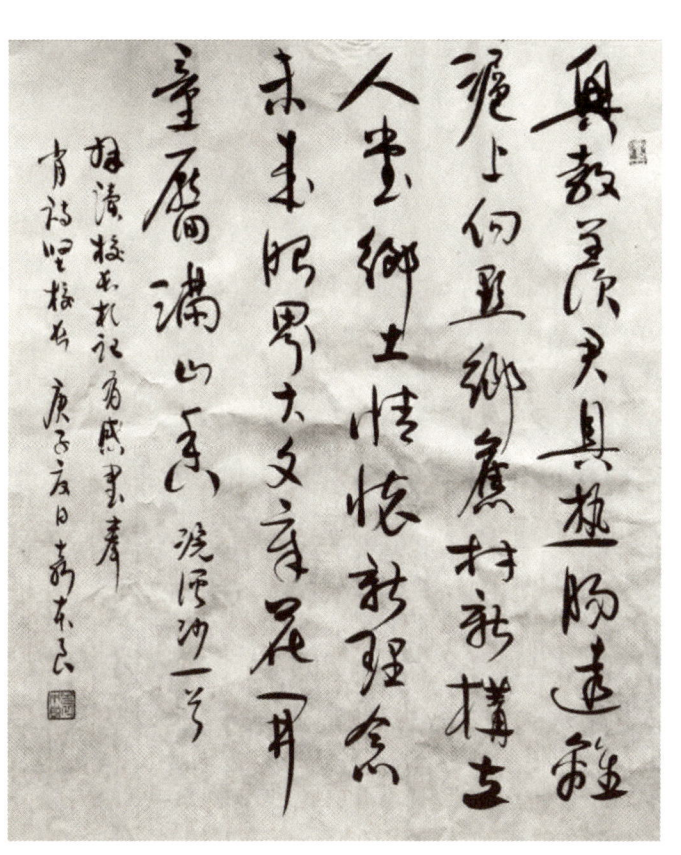

△2020年6月5日,贵州大学退休教授袁本良读《大山里的未来学校》有感

《浣溪沙》

兴教羡君具热肠,远离沪上向黔乡。旧材新构立人堂。

乡土情怀新理念,未来眼界大文章。花开童靥满山香。

五十岁知天命,这话似乎很有道理。年龄不足半百时,我万不会料到自己能到偏僻的贵州乡村当一名村小校长,更无从想象,我竟可以在此生活至今。

今天的我对自己的"天命"有了越来越清晰的预见:以乡土人本教育推动中国乡村教育变革——这将是我一生的使命。

我在教育公益领域摸爬滚打了十年。没当校长前,我做得最多的是两件事:不断地拜访贵州的村小并入户走访贫困生,了解需求,给予帮助;不断地培训一批批支教教师,将他们送到乡村教育的第一线。跑得越多,培训得越多,帮助得越多,发现的问题及思考也越多。第一,从智力角度,我没有感觉乡村的孩子有任何先天的不足,相反,与城市儿童相比,他们反倒更多些灵气;第二,乡村孩子随着年龄的增长,灵气会变木气。如果说,一二年级的山区孩子还比城市孩子多些灵气的话,那么到了四年级以后,乡村孩子目光之中,开始闪出害羞、自卑,随着年龄增长,甚至更多的孩子目光中会出现茫然与困惑;第三,来去频繁的支教老师,可以给暮气沉沉的乡村教育带来一些生气,但因支教待的时间短,有持续性及探索性等各种局限,并不能真正改变乡村的教育。

我经常问自己:中国乡村到底需要什么样的教育?怎样的教育可以真正帮助改变乡村教育的现状?

五十二岁那年,各种机缘巧合让我有机会来到正安县兴隆小学扎根,学习并践行乡村教育。两年的践行,虽然吃了不少苦,却让我多年积累的对教育的思考及学习得以解惑及释放,并逐渐梳理升华,形成了自己的教育理念及教育模式。感恩我的顾问及团队,在海内外参访学习,刻苦钻研、

不断实践，摸索出属于中国乡村的未来教育模式——一种既考虑到乡村儿童的需求及特点，又兼顾他们未来出路的教育模式。我将这种教育模式命名为"乡土人本教育"，一种"立足乡土、敬爱自然、回归人本、走向未来"的教育，一种属于乡村孩子的未来教育。

今年，我即将迈入五十五岁，天命跟我说，为了促进乡村教育的公平，我必须且依然要坚定地行走在乡土人本教育的践行之路上，这样，当我不小心活到六十岁时，也可以耳顺一下。

我将贵州田字格兴隆实验小学叫"大山里的未来学校"，我希望，不久的将来，乡土人本教育还可以有"圣贤之乡的未来学校"，"油菜花地里的未来学校"，让中国乡村大地的教育开满鲜花。

2019年3月于兴隆

目　录
CONTENTS

序一　乡土人本教育新探索 …………………………… 钱理群　001
序二　探索农村教育的未来模式 ……………………… 杨东平　013
自序 …………………………………………………………………021

♪ **第一章　一生二**（兴隆六观·自然观）
　　温暖的雪花 ……………………………………………………004
　　钱理群教授一席谈话，坚定了我下乡办学的决心 …………016
　　我为什么当贵州村小校长？…………………………………028
　　走进诗与远方 …………………………………………………036

♪ **第二章　二生三**（兴隆六观·乡土观）
　　铭记那些曾来过这里的人 ……………………………………042
　　立人堂开堂第一讲 ……………………………………………049
　　谈谈理念教育 …………………………………………………056
　　我的乡土人本教育观 …………………………………………066
　　让乡村教育回归乡土与人本 …………………………………075

♪ **第三章　三生万物**（兴隆六观·生命观）
　　阿富的童话世界 ………………………………………………084

和小海一起寻找沙漠中那眼泉 090
亲爱的孩子，咱们做个约定 098
一生一课 102
好教育，让乡村娃回流 117
一位乡村母亲翻山越岭的托付 120
成长就是成为自己的主人 125
后新冠时代，我们需要怎样的教育？ 128
疫情体验馆里的真感、真情、真言 133

第四章　万物为师（兴隆六观·学习观）

走出校门，首次研学 142
以母亲的身份，和老乡们聊聊子女教育 144
国旗下的讲话 148
村小的翻转课堂 151
停课不停学：我的担忧、反思与呼吁 167

第五章　师从本心（兴隆六观·师生观）

教育是一场师生共创美好生活的践行 176
乡土人本"田家君"团队十条约定 179
师在囧途：乡村教师返校记 188
探寻教育本真是寻找自我的过程 194
兴隆大舞台事件 201

第六章　心中的诗与远方（兴隆六观·未来观）

中国乡村教育有出路吗? 210
让科技富有生命 221
我与孩子们的诗 224
远方有多远 233

附录一　兴隆不让——田字格兴隆小学校歌 248
附录二　特别鸣谢 253
后记 254

第一章　一生二

自然观

宇宙洪荒,天地大美;
敬畏自然,行有所止;
悲悯生命,有容万象;
四时顺行,天地载物;
草木有情,天人四方;
共存共祥,大道乃昌。

温暖的雪花①

> 那正被遗忘的
>
> 那未曾在意的
>
> 那本以为已经消失的东西
>
> 至今仍存在着
>
> 我坚信
>
> ——宫崎骏

  大雪节气之后,山上的天气明显转寒,早上开窗望出去,山上挂了薄薄的白霜,我从网络上知道这叫凝冻。我抱着暖水袋穿着大衣哆嗦着开始阅读苗苗传来的田字格9周年征文,边读边回忆,一些因时间久远而模糊的画面开始清晰,一些久未见面的老友又鲜活地出现在我眼前,我的内心开始涌出一种东西,暖流。我想这本不薄不厚的回忆文集,带给我的就是这种温暖的记忆,一个集体的记忆,N年后也许会成为田字格时代的记忆。

  阅读这些文章时,苗苗还给我交代了任务:因为文章的时间跨度长,每个人对同一件事记录的时间并不完全准确,希望我把把关,将时间节点理顺。这显然是一个高难度的挑战,因为我发现,我对很多事情的记忆也很模糊。我也不打算逐一核查每篇文章的记录是否和事实吻合,记得马未都说过,历史没有真相,只有道理。我只希望用最短的篇幅梳理一下田字格发展的脉络,帮读者理解文集中出现的人物和故事,如果读者能自行悟

---

  ① 本文为《田字格九年文集》序言,记录了我及田字格公益机构9年的发展历程。收录在此,可以让读者对田字格公益机构及乡土人本教育发展有更全面的了解。

出其中的公益道理和教育道理那就更好了。如果我的记录和本书中其他人的记录有出入，那么，请以其他人的为准。

2008：发愿

2008年给中国人留下的记忆除了奥运会，恐怕就是"灾难"了。那年的一月发生了50年不遇的特大雪灾，五月则发生了汶川8.0级大地震。我一直认为汶川地震掀起了全民慈善热潮，震后一段时间里电视上不断播放各种触目惊心的震区画面，也不断报道各种志愿者的善举义举。我则是千万个被感动的人之一。我想去汶川当志愿者，发现机票已经订不到了，于是我求助在成都的朋友熊伟，表示想从成都迂回去汶川，朋友却说：像你这样有热情但不专业的人太多了，把路都堵了，你还是不要去添乱了。于是，我想那就捐点钱吧。我有一个小小的愿望，就是希望可以查询到我捐的善款确实用于汶川灾区。但是，公司的财务人员经查后告诉我：你这个想法比较幼稚，因为红十字会没有这个做法，而其他公益机构不确定靠不靠谱。

那时，我下决心要做一个公益组织，这个组织至少应该坚持两个基本原则：一是资助人可以查询善款去向，二是这个组织必须靠谱。我当时对靠谱的理解是专业，以及不给受益人和受益地区添乱。

那之后，我当起了背包客，在云贵川西藏东南亚一带云游。除了用脚丈量大好河山以外，我还到处看学校，接触志愿者，了解当地民间公益组织，期间也会做点公益，捐个书包，去农民工子弟学校支教等，但都是单打独斗，没什么特别值得记录的。

2010 立名

2010年我决定把酝酿已久的公益机构起名为：田字格助学。

说起来,我们每个人在小学时都使用过田字格习字本学习如何规范书写汉字,我的字虽然写得不好看,但对小学最深刻的记忆就是每天在田字格上一笔一划地写字。我认为"田字格助学"这五个字可以直观表明我的公益定位:这是一个关注教育的公益机构。我们同时确定了机构的口号"一笔一划,我们用心在田字格上书写明天"以及"一一对应,分分明了"。今日看来,当年这个口号除了表达一种靠谱认真的公益态度以外,并没有什么鲜明的主张。但是,这个口号多年来一直陪伴着田字格成长,并让田字格逐渐形成了严谨而认真的公益文化。直到今天这个口号还占据着田字格官网首页最醒目的位置,网站是2011年春,公司同事小潘和陈静,以及我的闺密张巍一手建立的,同事王翔后期也做了很多维护工作。

这年十月,上海尊宝公司利用年会举办了一场慈善晚宴,经销商供给商积极参与,为田字格捐出第一笔大额善款。

这一年,我将贵州定为田字格的服务地区,选定贵州省的主要依据来自这些数字:贵州的城镇人均GDP为1.3万,位于中国各省倒数第二,农民的平均年收入不到3000元,而当年国家的贫困标准是1274元。另外一个原因是,我发现公益组织对这个地区的关注远远低于云南、大凉山及川西。

2011:摸索

2011年是田字格摸索的一年。这一年我小心翼翼地揣着募来的善款,几进贵州,跑了七八个县,希望让田字格项目落地。很多时候我是一个人跑,朋友们知道了以后也纷纷加入,老友吕英敏,同事陈静,邻居杨路明和Linda(英国人),都是在这一年加入的田字格。当时王茵还是个大三的学生,她通过我的一位驴友老胡知道了田字格,以后就每周来做义工,毕业后她成为一名优秀的田字格专职教师,再以后她嫁给了田字格的一名支教教师。这一年,我认识了正安的冯其伟、皓海、简祖奎、韩继刚等义工,并建立了长达数年的友谊。他们后来成立了正安春雨义工协会,该协会是田字格在正安的长期合作伙伴。同年五月，田字格在贵州正安县的碧峰乡青坪小学建了全国第一个公益组织办的营养餐食堂——田字格食堂，为200多名孩子提供免费午餐。次年四月，记者出身的邓飞开始在全国宣传"营养午餐"计划，政府也很快开启了农村学校免费营养午餐项目，于是，2012年底田字格安心地将这间食堂转交给了政府。

2011年8月，田字格001号田娃诞生，他叫刘露，有关他的故事，我曾写过一篇《001号田娃的故事》放在田字格官网上。田字格从2010年开始做一对一资助，刚开始中小学生都在资助范围，助学助养也很难区分。我和杨路明是社会学出身，比较重视调查方法。冯其伟有实地走访经验且感性，大家经常为某一资助案例争论不休。随着项目的深入，冯其伟提出，贫困地区的高中生因经济原因不能完成学业的比例很高，因为高中不属于国家义务教育，高中的学费及生活费会让很多家庭放弃孩子继续求学的愿望。于是，田字格明确一对一资助项目只资助贫困高中生，并正式将其命名为"田娃项目"。田娃项目至今仍然是田字格最具吸引力的项目，它流程清晰，参与度高，方式直接，帮助效果可见。现在如果想在田字格资助一位田娃，是需要排队登记才能获得资助名额的。截止到2018年12月，田字格已资助了2597人次田娃（含初中女娃），其中有近百名上了大学。

这一年教育部出台了《关于深入推进义务教育均衡发展的意见》。虽然宣布我国所有县级单位均普及了义务教育，但中国大部分农村还在解决"有学上"的问题，很多偏远贫困地区的学生不能上学的原因是因为学校缺少教师，贵州尤为严重。这一年秋天，田字格第一位支教教师蒋曦来到了正安的盘龙支教点，揭开了田字格的支教篇章。盘龙教学点当时有30个一到三年级的学生。小蒋和一位地方老师承担了全部的教学工作。之后，田字格在正安的支教队伍开始扩大，小蒋很快成为正安支教的核心人物。他带领下的支教团队一直是田字格最有凝聚力的团队。每年田字格年会，这些可爱的人都会从全国各地赶来，一起把酒当歌忆当年。

2012:起步

2012年是田字格从民间团体走向社会团体的一年。这一年"五一",田字格通过网络公开招募走访义工,从此,田字格平台开始聚集来自全国各地优秀的公益人士。那年的走访志愿者有吴军,庆婷婷,吴强,费琦等,他们以后又成为田字格的主力义工。来自猎头公司的吴军成为田字格招募组的老大,多年来一直率领着一批资深HR女将为田字格招兵买马。生物学博士庆婷婷则成为田字格走访大队长,每年利用假期带人马穿行在贵州的深山老林中寻找田娃。金融行业的吴强还把自己的老婆刘嬲带到田字格。刘嬲先是加入吴军的招募组,后来负责田字格宣传,觉得不过瘾,又当了一年半专职,最近刘嬲退居二线开始主持田字格的微信公众号。

也是在这一年,田字格在威宁县哈喇河乡海拔2500米的高原上修建的田字格小学基本完工,这所学校解决了当地100多名回族孩子的失学问题。建校的发起人是周小雨,第一任校长是孙宁生,当时的一年级学生也于2020年夏天毕业。这所学校在2017年秋季前,是完全由田字格进行管理的,校长除了孙宁生以外,还有温新晋、李隆虎、田艳莉、陈瑜,他们分别是南京师大附中的高级教师,田字格资深支教老师,北京大学社会学系博士,一家大型国企的主管,以及一家外企的白领。2017年秋季学期开始,田小教师的比例变成当地特岗教师与支教各占一半,由当地教师担任校长,支教团队的负责人是李红燕。一批批支教在这个高寒而偏远的山坳里留下泪水、汗水和欢歌笑语。田字格小学的支教中有两位后来成为田字格专职,一位是美丽的孙涵晓,还有一位是充满活力的田艳莉。2015年始,威宁县教育局开始给这所学校派特岗教师,每年名额都在增加。教育局负责人还告诉我们,2019年这所学校的特岗将增派到6~7位,而这所学校也如其他中国乡村学校一样,随着生育率的下降每年的生源在减少,到2019年这所学校的学生数不足50人。如此,田字格让哈喇河乡孩子有学上的使命将完成,学校也将正式由政府接管。

为了坚持"一一对应，分分明了"的财务原则，田字格在这一年开通了网上善款查询功能，资助人可以查询自己的善款在何年何月落实到哪位受益人或是项目。为此，义工需要做大量的幕后工作，这包括整理账本，录入数据等。多年来，张巍，孙涵晓，薛小琳，上海尊宝公司的财务人员陈静，都一直在做幕后英雄。这一年义工张乐卉所在的上海金信会计师事务所开始义务为田字格做审计工作，每年的审计报告会于春季在田字格官网公示。

2013 & 2014：发展和使命

2013和2014年是田字格蓬勃发展的阶段，到2014年年底注册义工人数达162人，"田杆"数达337人。支教项目及田娃项目都走上正轨，义工们组成各种小组并有明确的分工及工作流程，有宣传组，招募组，项目组，支教支持组，培训组，走访组，等等。也是从2013年1月起，田字格开始在每年一月举行义工大会，并延续至今。每到年会这天，全国各地素未谋面的义工会自费来参加义工大会，大家像家人一样一起吃团圆饭，一起回忆一起展望。

此时田字格支教的定位已经从2011年的快乐支教，转为接力支教。接力支教更强调支教的职业精神、传承与责任。支教的培训也更规范，一些申请人会在培训中因为理念或能力不足而被淘汰。上海学而思培训机构、故事妈妈、孟钢、蒋曦率领的培训组，以及后来的无锡东林小学魏志渊等很多老师为田字格支教教师们提供的培训，为后来的系统培训打下了坚实的基础。两年间，田字格在正安及威宁的支教点不断扩大，在正安除了盘龙支教点外，还有英雄、木盆寺、天楼、团结、原村等学校，在威宁则新增加了西凉支教点。西凉支教点的海拔比邻村的田字格小学还要高100米。田字格支教来西凉前，这个支教点只有一位小学文化程度的老师带着40来个一到四年级的学生。这是田字格最艰苦的一个支教点，因为没有水源，在2016年前，师生们

常年饮用储存的雨水。一届届支教教师在这个艰苦的支教点给孩子们传授知识带来快乐,曾经的团队负责人有蒲菁、秦小龙、聂文明和叶一林。和田字格小学一样,2020年起,这间支教点也将由特岗老师全部接手。

越深入山区,越深入教育,越意识到追求教育公平的意义与公平教育的任重道远。2013年,北京大学录取了1655人,来自北京的有221人,来自贵州的有16人,排在贵州后面的是青海和西藏。这一年,《寒门再难出贵子》的帖子在网上炒得更热。也是在这一年,田字格明确了其使命:传递爱心,传递责任,促进山区教育公平。使命是经过多次讨论才定下的,记得参加讨论的人员有王永亭、孙涵晓、蒋曦、庆婷婷和吴军。

这两年,田字格开始和一些友人的机构合作筹集善款,上海尊宝、李耿的《精品家居》杂志和北京力波村画廊都以慈善拍卖的形式为田字格筹集过善款。被我们称为"田杆"的资助人范围也开始扩大,由最初的朋友及友人的企业,扩大到社会上所有有爱心的人。

2013年国家发生的和农村有关的大事之一是,习近平总书记考察了湖南湘西,发表了"实事求是、因地制宜、分类指导、精准扶贫"的讲话。紧接着,在2014年中央开始详细规划精准扶贫工作模式的顶层设计。以后的几年,田字格在山区亲眼见证了中国扶贫的力度和强度,可以说精准扶贫以及国家义务教育均衡发展在贵州的推进,决定了后来田字格田娃项目、支教项目的走向,以及兴隆项目的开展。

2015:坚定

这一年对中国农村影响最大的事就是中央提出的五年脱贫攻坚战。贵州省计划分为两步走,到2017年末实现农村贫困人口脱贫300万人以上,再到2020年末实现623万贫困人口全部脱贫。

我们在资助走访中也能感受到扶贫工作在农村的不断深入。我们资助的部分高中生开始接收政府发放的"贫困助学金",一学年1500元,因为资助数量有限而贫困生多，有些学校会采用轮流享受的政策，让大多数贫困生，享受到国家的资助。不过，此时扶贫工作才刚刚开始，力度远未彰显，我们走访的村落还有很多没有道路，贫困现象依然普遍。越来越多的义工加入田字格的五一、十一走访活动，那一年的田娃数量已经有429人了。

虽然，很多高中生能够享受国家助学金，但我们在调查中又发现实际上初中阶段还存在"隐性辍学"的现象。这些辍学大多以女生为多。因为重男轻女，当家庭经济有点拮据时，教育的天平就倾向男性。因此，田字格开始了"女娃项目"，重点资助初中的女娃。田字格认识到：帮助一个女孩就意味着帮助未来一个家庭。女娃项目至今依然进行着，有些上了高中的女娃，也可以继续申请田娃项目的资助。

播种总会有收获。2011年及2012年资助的田娃此时有些已参加工作或大学毕业，他们被公益滋润后开始对社会进行反哺，他们有的加入田字格做义工，有的捐款，我们称这样的田娃为"田二代"，最早一批田二代有梅彪彪、龙从友、张梅、蹇婷婷、付金明、聂剑、陈永发、张正兵等。

支教项目继续进行，招募和培训也是，一批支教来了，一批支教又走了。我们认识到支教的流动性给学生及教育带来伤害，这一年开始田字格不再接受半年的支教而只接受一年申请者。同时，为了更好地支持支教，田字格开始定期派义工（又称"特使"）上山与支教交流，高燕、傅宇、李洁、周小雨都担任过田字格的特使。

这一年2345.com创始人庞升东先生开始指定资助田字格的行政费用，这笔资助款的到来不仅让田字格的专职人员由一名发展为两名，更重要的是，我们把它作为对一个民间公益机构的肯定。

2016：成长与反思

2016年是贵州经济飞速发展的一年，也是田字格反思的一年。

这年走访正安的义工们发现县城开始有霓虹灯闪烁了，通往村落的土

路换成了水泥马路，一些偏远地区的贫困家庭也开始盖房子了。义工们还发现，如果按照2012年田字格制定的贫困资助标准，正安县很多学生已经不需要资助了：那些来自贫困家庭的有学习意愿的孩子基本都可以得到国家贫困助学金或是精准扶贫资助。威宁县的发展似乎要慢一些，贫困生家里依然窘迫。于是，田字格在正安的田娃项目开始收缩，同时加大了在威宁县的贫困资助力度。田字格在威宁举办了第一届田娃风采大赛，优秀选手们参加了在上海举办的夏令营活动，自那以后田娃参加夏令营的活动一直持续了下来，而演讲大赛则升级为田娃社会实践活动，这个活动又进一步升级为"田娃成长计划"，除了给予田娃经济帮助以外，这个计划更多的是培养田娃的综合实践能力和社会责任感。这个项目吸引了众多义工的参与，程薇、夏烽、吴军、十年、何士刚、琪爸，还有韩璐等导师都是这个项目的主力义工。

正安经济发展较快，政府对教育的投入力度也大。盘龙、英雄这些支教点都被合并到镇，而村镇学校的基础设施及师资配备也在加强。基于这种情况，田字格开始在正安推行"村小1+1"支教项目。这个项目是针对那些已经基本解决"有学上"的村小开发的，目的是解决"上好学"的问题。一些村小已有师资开足语文数学等基本科目，那么田字格会派一位阅读支教教师及一位探索支教教师在该校开展阅读和探索课，以开拓学生视野、培养学生的综合素养及能力。这个项目自开展以来，一直受到所在支教点的欢迎，其中王永亭、邱德懿、武晟然、赵辉、李洁、董小璐等一批义工都是这个项目的主力推动者。

随着支教项目的深入，我们看到乡村教育存在的问题不是越来越少而是越来越多：村小在消失，这种消失并非因为生源减少，学校数量减少，而更多地在于人心背离。村小已经在很多人的内心深处消失了，它留不住老师和学生甚至家长的心了。很多村小的老师总是希望寻找机会离开，实在离不开的就混，不考试不检查的科目就不教，考试的科目就让学生背书、刷题……与此同时，我们也看到支教本身的优点及短板，支教教师们有热情、有创意，但流动性大，且多非教育专业出身。中国农村的教育究竟要怎么走？如何才能为乡村的孩子找到适合他们的教育？如何才能点燃乡村教师的教育热情？带着这些疑问，我受邀参加了21世纪教育研究院在平凉举办的教育公益年会。会上我认识了郑同僚教授，郑教授给我介绍了台湾实验教育的发展，并指出，改变乡村教育的根本力量是地方教师，田字格应该用自己的支教力量办一所典范学校，并在此间学校培养地方教师，我听了如醍醐灌顶。回上海后立刻和专职人员开会沟通，我们一致决定，田字格要探索乡村教育的根本出路，要实践新的教育理念及方法。

一个月后，田字格在正安建立一所实验小学的想法很快得到了正安县一批对教育有胆识、有前瞻性的领导及朋友的支持，冯其伟、韦延海、刘飞都是这场乡村教育改革实验的推动者。12月19号正安县教育局正式签署了田字格办学的批文，这所学校的发展也得到了县各级领导、县教育局及镇政府的大力支持。

这一年，田字格助学的标志由"助学"改为"NGO"，我们希望田字格在未来促进乡村教育公平的路上多一些专业色彩，少一些慈善色彩。

2017 & 2018：办学

2017年是田字格开启办学之年。这一年，我和田字格的三名专职田艳莉、孔美和王莹落户贵州正安兴隆小学，开始了我们浪漫而艰辛的乡村教育探索旅程。我们至今还和一群志同道合的年轻人坚定地行走在这条道路上，或许多年之后，后人会评论我们的行动对中国乡村乃至中国教育的意义。

这一年，刘爤由义工转为专职人员，并和后来加入田字格的苗苗一起筑起了我们稳定的大后方，让我们可以安心在兴隆探索乡村教育。

2017年后，田字格的募捐有了新的形式，以何士刚教授率领的田字格暴走团队成为上海联劝公益机构"一个鸡蛋的暴走"的风景线，这个团队不仅为田字格募集了善款还加强了对田字格的宣传。此后，每年五月的暴

走活动成为田字格一个重要的募捐形式。

最后需要记录的是2017年贵州的人均GDP为1.5万元，全国倒数第三，人均收入为1.5万元。2018年11月贵州省通过了国家义务均衡教育验收，这意味着贵州所有的村小都跟我所在的兴隆田字格实验小学一样：有班班通，有各种专科教室，有操场，师生比达标。

截至2018年底，田字格义工人数达519人，分别活动在田字格的支教支持（探索+阅读）组、招募组、培训组、活动组、田娃组、田妈组、信息组等，田杆794人，共资助850名田娃，达2537人次，招募支教老师119名，累计支教小学15所。

20N9：未来

20N9年的田字格将一如既往地行走在促进山区教育公平的路上。田字格步伐不止：田娃项目、田娃成长项目、村小1+1项目和兴隆办学项目都会继续。山区的教育公平之路坎坷而漫长，一路上"田娃"、"田杆"、"格格"（女义工昵称）"格子"（男义工昵称）、田属、田粉说着，笑着，哭着，走着，这本身就构成了一道亮丽的风景线。

粗略回顾了田字格过往的九年，内容有些干瘪，缺少温度，我决定在文章结尾处爆点料。九年时间说长不长，说短也不短。这期间，一些田娃成为田二代，但更多的田娃已经当爹当娘了，很多义工也在这期间结婚生子，甚至有些义工升级为爷爷奶奶。我曾经热衷于把田字格的支教平台打造成一个非诚勿扰的舞台，我每每听说有关支教间爱情的八卦就激动不已，自觉又做了一件善事。虽然，我并没有收到太多的喜糖，甚至还在后来的支教手册上明文规定：不鼓励在岗期间谈恋爱，但是我还是要祝福你们：王茵和李彤，武晟然和骆敏，李慧芳和方天龙，童旭和蔡莉娟，还有那个谁和谁：

愿你们有一个灿烂的前程

　　愿你们有情人终成眷属

　　愿你们在尘世间获得幸福

真心感恩这些年一起走过的你们！多年过后，我们再翻开此书，字里行间只写着如下几个字：

一笔一划，我们用心在田字格上书写明天！

窗外的凝冻更重了，朋友圈有人开始晒北方的雪花，

我突然觉得，

有时候，

公益人的人生就像雪花。

雪花的美丽来自寒冬，

严冬总会过去，

美丽的雪花依旧美丽，

冰冷的雪花依旧晶莹，

温暖、滋润干涸的大地，

宛若这书里提及或没提及的每一位田字格们。

2018年12月14日于兴隆

钱理群教授一席谈话，
坚定了我下乡办学的决心

一、驻足回首　心怀感恩

2016年11月末，正安县政府批准田字格在格林镇建立"田字格兴隆实验小学"。团队进入紧锣密鼓的筹备阶段。

所谓"团队"不过是四位女子：我、孔美、田艳莉和王莹，专职负责已运营了6年的公益机构——田字格公益。那些天，我们激动不已，彻夜不眠地阅读有关梁漱溟、晏阳初、陶行知、钱理群等乡村教育大师的图书。被一种使命感鼓舞着，我甚至感到幸运，能够在21世纪的今天，以创新教育的形式推动乡村教育的改善。教育强，则中国强。中国乡村改变的出路在于乡村教育改变。

似乎一切准备就绪：那些在我心中酝酿多年的想法，那些多年公益教育历程中积累的经验和教训，那一次次在村小间的奔波，还有一次次在国外考察，无数次与海峡两岸的教育专家进行的各种推演与切磋，办学目标、学生画像和教师队伍构成等内容都呼之欲出。

根据顾问郑同僚教授的建议，我们期待第一批教师形成"组合拳"：有文有理，老中青结合，学历要有但不必须，教育热忱及探索创新精神则是必备。我用了几个晚上精心撰写招募帖，呼唤有志之士的加入——寻找6~7位乡村教育开拓者。

难吗？应该不难吧！广阔天地大有作为，这是为天地立心、为往圣继绝学的伟大事业；工资开得不高，但一定属于支教、公益、乡村教育同行业中有竞争力的；待遇给的不是最优，但是有四金津贴还有海外培训机会，提供了一个成长锻炼的平台。而且，茫茫人海，仅寻七八知己，而已。

我们太乐观了！

△ 2016年12月4号首发招募帖

本以为，一声呼唤，千万响应，申请书应如雪片般飞来。申请书确实不断飞来，但被称为"雪片"的不多，至少不是晶莹剔透的六边形。

我回家跟先生说："报名合格的人不多啊！创业阶段，需要人才，教育理念是我提出的，我自己应该去实践。行不？"先生一边敲电脑一边扔出了狠话："你想都不要想，出差可以，长住不行。"当时，我的大儿子刚去英国念大学，小儿子在读10年级，正是上大学前的关键时期。

僵持了几天，老公看我整天愁眉不展，心软了："要不，你这事还是请专家帮你判断一下？我们请教钱理群教授吧？"因为那时他正在读钱理群的《毛泽东时代和后毛泽东时代》，对钱老十分崇拜。

婆婆杨勋是北大的老教授，想到可以联系到学生孙方明，而孙老师也是我在国务院农村发展研究所的老上级，更是钱先生的忘年交。经孙老师介绍，我致电给钱理群老师，自报家门。钱老师一听是北大的，又是孙老

师推荐又是杨勋介绍,还要做乡村教育,电话里就很开心,表示非常欢迎来家一叙。

于是12月10号,首发招募帖五日之后,我们一家专程赴京拜访钱老。

有阳光的北京冬日,温暖而明媚。我们一家三口坐在钱老的老人公寓里,享受着阳光,度过了一个美好而令人难忘的下午。

钱老健谈、睿智、思路清晰,对中国对乡村对教育都有深刻的洞见。畅谈足有三个多小时,从教育谈到哲学,从鲁迅谈到毛泽东,最后谈到田字格,谈到乡村教育以及未来人类即将面临的问题。临别,老先生握着我的手说:很高兴还能见到你们这一代人走进农村,不容易,要坚持。

次日清晨,我在床上赖着,先生一边穿衣一边自言自语:"好吧,去就去吧。既然拦不住,还不如高风亮节,假装觉悟高,变个态度支持算了。"

我一跃而起:"真的?!"

"哎,这就好比自己创业,一开始不亲力亲为,没机会成功。你做这么大的事,万事开头难。再说,你的教育理念,确实需要你自己去实践。"

我顾不上洗脸,抓起手机给三位专职发微信:"重大决定,需要通话!"

于是,就有了后面田字格四位专职移师兴隆、田字格乡村教育创新探索不断成长壮大的故事。

忆往昔,心怀感恩。

二、重温谈话,反思沉淀

与钱老的一席谈话,不仅鼓舞了我,也翻转了我先生对我下乡办学的态度,那么钱老究竟在三个小时中谈了什么?

前日,我翻出当年拜访钱理群老师时的录音,坐在阳台上泡了壶茶,伴着上海淅淅沥沥的雨声,重温当年谈话,深有重返课堂聆听老师教诲的感觉。每听到关键地方,我反复回放,记录笔记,反思田字格实践,获益匪浅。

我深觉有必要以文字形式记录当时钱老的教诲，分享给更多关注乡村教育和乡村建设的人，让更多的人感受到老一辈知识分子对中国乡村教育的关切、思考和期望。

我将记录分为"回忆"与"沉淀"两部分。"回忆"根据钱老谈话录音摘录，穿插当时的一些情景。三个小时的谈话，话题多，内容深，我仅摘录与公益及田字格乡村教育相关议题，以指导我们今日的实践，坚定我们的探索。"沉淀"则是我在听钱老教诲时的有感而发，内容涉及一些田字格的相关实践，自己的思考与反思，算是以文字形式感谢钱理群老师的教诲，也给钱先生一个阶段性的交代。

议题1：志愿文化应该是青年人的追求

【回忆】

20世纪30年代出生的钱老具有老一辈中国知识分子的特质：有强烈使命感和情怀。历经各种政治运动后，钱老在80年代初进入北大，从读书到教书，后因"独立追求"于2002年在北大退休。那时的"钱老"应该还是"钱壮"，刚过六旬，关切中国的教育与青年的志愿运动，不仅亲自到中学当老师还积极参与推动志愿文化。2004年，钱老曾在北师大"西部阳光活动"沙龙讲话，阐述"我们需要农村，农村需要我们"的观点，鼓励年轻人投身乡村建设。钱老说，那时的他更希望自己扮演"给知识分子提供历史根源，让志愿者找到历史认同，给志愿者提供理论支持"的角色。

当日，钱老多次强调志愿者文化的重要性，他鼓励年轻人从事志愿工作，并鼓励我去农村从事志愿工作。钱老虽年过七旬，但说到激动处经常挥着手臂，扬起眉毛，提高声音："从事志愿工作，仅仅靠热情是不够的，还需要专业知识。志愿者必须有一种思想理论的指导，可以从爱心出发，但是仅仅有爱心不能让志愿精神持续。"

他从书架上找到自己那本《二十六篇和青年朋友谈心》的书，一边翻一边说："我当时就说过，年轻人做志愿者首先是为自己，成就自己。教育需要解决的问题很多，（但这些问题）不是青年人去上课就能解决问题的。"他强调青年人不仅要认识到自己的局限性更要看到志愿行为本身的意义："到农村去这件事本身就有正面效应，有更大的社会意义。用毛泽东的话说：是起到社会先锋和桥梁（作用），用自己的热情和理想，带动社会风气，起先锋作用；把各种力量组织起来，把关心农村的分散的力量组织起来，起桥梁作用。"

【沉淀】

2010—2012年，田字格有一位英国的志愿者琳达。50岁的琳达是一位护士，因随先生来中国工作移居上海数年。琳达偶然了解到田字格做贫困山区教育公益，对此很感兴趣。琳达虽不会讲中文，但她有在多国做义工的丰富经验，对起步时期的田字格帮助很大。她当时申请参加田字格的理由很简单："我有时间，我想我可以提供帮助"。她告诉我在英国当志愿者是一件很平常的事，就像"人需要上班一样，我们业余时间有空就会去帮助需要的人"。后来我去英国，参观各种博物馆时发现很多工作人员都是义工，经过严格的培训后，为参观者提供讲解、路线指引等工作，志愿者也成了博物馆的藏品专家和历史研究者。

钱老曾经评判中国的教育在培养"精致的利己主义者"。在我看来，今日的中国，不仅要在年轻人中建立志愿文化，更应该从义务教育阶段就培养孩子的志愿精神。志愿精神与文化，强调奉献、提供服务不求回报，从某种角度而言这也是公民应该具备的社会参与精神。虽然很多学校一年会办一次"学雷锋"活动，但整个教育体系缺少长期、系统的志愿精神的培养，甚至还有学校将志愿活动的参与与保研、升学等挂钩，这违反了志愿精神的本质。

在田字格兴隆实验小学的学生培养目标中，志愿精神与向善、真诚都被列为学生需要拥有的宝贵品质。学校专门为学生提供志愿服务机会，每年对志愿服务进行表彰与鼓励。

议题2：新老志愿者之不同

【回忆】

当我谈到招募遇到困难，没有招募到理想的教师人才时，钱老很有感触。

钱老认为从某种意义上讲，20世纪三四十年代从事乡村教育推动平民教育的先辈们也是志愿者，他们放弃了优越的城市生活及体面的职业，满怀热忱，志愿投身到一场伟大的社会运动之中。在钱老眼中，老一代志愿者（特指三四十年代中国的乡村教育改革推动者）和今日的志愿者有三大不同：

"首先，老一代志愿者是想彻底解决问题，改变社会制度，不惜推翻政权，他们具有革命情怀；新一代志愿者多是改良主义者，主张改良渐进。其次，老一代志愿者寄希望于未来，为了未来他们愿意牺牲一切，包括自己的生命；今天新一代志愿者着眼于现在，享受现在。"钱老笑笑，继续说，"新一代志愿者反对暴力，绝对不用暴力。"

【沉淀】

2016年末，田字格首次招募不利，现在回想起来，除了心态过急，还有我们对年轻人的公益需求和"着眼现在"把握不准。我们一直强调将"三年服务时间"作为硬指标，这个门槛挡住了很多优秀人才的加入。当时的公益机构，除"为中国而教"这样的大机构招募两年期支教以外，大多数机构都是招募半年支教。在快节奏时代，对年轻人而言，不要说是在一个偏僻的乡村搞教育，就是在普通单位三年不跳槽也不容易。我们四位专职之所以认为这是个机遇，是因为我们已身在教育公益领域多年，深解兴隆办学意义，所以意志坚定，坚持至今，无怨无悔。当年轻人对所参与之事的伟大意义尚不了解时，各种包括就业、婚嫁等现实困难自然就会凸显。

今天整个社会有强调"个性"多于强调"群性"的趋势。作为一名教

育者，我呼吁教育除了要发现孩子的"个性"外，也要培养孩子的"群性"。教育是帮助孩子走入社会成为一个能够推动社会进步的"社会人"。未来的"社会人"需要懂得互助和利他，利他才能利己。① 社会人的个体价值有时候要建立在更宽广的视野与更大的世界之中。今天整个社会都加强了珍惜生命的教育，这是进步，但尚缺少关于生命价值的教育。这让我们的后代更在乎自我的感受和个体价值，缺少对生命意义及价值的追求，也缺少对世界和社会的关切。

兴隆实验小学的"共同生活课"是专为培养孩子"群性"而设置的课程，通过"农场经营"、各种"志愿服务"、"混龄教育"等内容让孩子学习"互助""志愿"和"共好"的品质。我们的教育应该让后代身上闪烁出人性的光辉：善良、利他、志愿。

我相信，当未来的年轻人更想探寻生命的价值与意义、具有利他精神时，中国的志愿后浪将勇推前浪，奔流不息，波澜壮阔。

议题3：理想与现实

【回忆】

我们和钱老又谈到了彼岸与此岸的问题。这是钱老喜欢谈论的话题之一，我学哲学的儿子悠悠也热衷这个话题。钱老说"理想是彼岸的，老一辈革命家认为共产主义是彼岸，人应该有理想，但那是彼岸的，彼岸是永远达不到的。这个道理的意义在于，人们在此岸，就要对现实采用批判的现实主义态度，不断努力，接近彼岸。"

【沉淀】

这句话不仅解释了钱老一贯具有的批评精神的哲学思想来源，也对我后来在教育实践中平衡理想与现实的冲突，具有很强的指导作用。我们既

---

① 关于这部分的阐述，详见诗坚公众号《后新冠时代：我们需要怎样的教育》。

要不忘初衷，心揣理想，又要对现实具有批评的精神，同时还要拥有接纳现实的心态。

在公立体制下做乡村教育创新于我而言有时是一门"平衡"的艺术，在理想与现实、"全人教育"与"应试教育"、实践与课堂、体制支持与制度束缚之间权衡、拿捏。乡村教育创新既要有理念追求，也要和现实接轨，要让乡村孩子有出路：留在大山能生活，走出大山能生存。我总结，在中国做乡村教育实践必须有赴汤蹈火的坚毅精神，还要拥有温柔而坚定的态度。

议题4：这不总是一个大有作为的时代，坚持做可以做的事情

【回忆】

我们谈到了田字格遇到的一些困难，钱老嘱咐我："开始做的事情，可能是孤立的，但是只要做成功了，自然会影响到国家及政府。"

钱老恳切地说："要有积极的态度，但是不能抱不切实际的幻想。把事情想透，这个时代不一定总是大有作为的时代，要清楚自己能做什么，不能做什么。能做什么分两种，一种是现在能做什么。一种是经过努力，创造条件，将来能做什么。但永远不要消极颓废。"他嘱咐我要做好准备"一场教育实验，不是十年二十年可以完成的，可能需要几代人"。

【沉淀】

现在想来，2016年发招募帖五日之后我就焦虑不安，彼时的我还不懂"公益和教育都要靠时间养育"的道理。那时，我们想通过"一帖"起到"激起千层浪"的作用，这是多么幼稚。引领任何一个运动一场探索，"坚守""坚持"本身的作用往往大于其他任何行动的作用。我们现在能做的是，"坚守田字格乡村教育的阵地，坚持教育创新的探索"。今天，有很多优秀的年轻人加入田字格乡土人本教育创新的实践中，除了认同理念，更重要的是他们看到我们一直"坚守"在乡村教育一线。这一"坚持"感染并召唤了一批批年轻人加入田字格的教育实践，也让田字格获得了社会、

政府更广泛的支持与认可。

议题5：田字格办农村教育要满足三个目标：上大学，打工，回乡建设

【回忆】

我详细介绍了田字格兴隆实验小学的办学理念及课程设置，并谈了以兴隆学校为基地培养乡村教师的计划，钱老对此大加赞赏。同时钱老特别指出农村教育要确定三个培养目标，也是培养三类孩子："上大学的孩子，上大学是他们的权利，有能力的孩子应该可以上大学，上职业学校到城市打工的孩子，回到农村搞建设的孩子。田字格的课程设置要考虑这三类孩子。"

【沉淀】

孙方明老师看了钱老的三个目标，进一步补充："上大学，游刃有余；进城，如鱼得水；留家乡，自成天地。其实目标高一点还是普通一点，全在于自信心和支撑自信心的自主学习能力！"点评如此精彩，恕我直接引用了。

田字格的课程设置开宗明义"在国家教育大纲指导下进行实践"。语、数、外、计算机、道德与法制按照国家要求开足课时，让乡村孩子打好基础。轴心课（乡土课和生命课）、自主修习课、共同生活课和日修课则更侧重培养孩子的能力与素养，培养向善、坚毅、自主、懂合作的乡村子弟。

这一课程设置时，确实考量了乡村孩子的求学需求、个体发展需求和家乡建设需求。但反思三年多的实践，在满足需求方面，我们可以做得更好。2018年的秋季，田字格实行了一个月的"走班制"，基本实现"一生一课表"。那时，老师和孩子一起商讨每个孩子的课表，在同一时间，一个班的学生有的在补课，有的在做研究，有的在学新知识。这是一个最佳的教育状态，遗憾的是，这种课程设置对师资配比、教师的投入及工作量的要求极高，后来没有再坚持下去。

或许，在新学期，我可以再就此议题和团队共同探讨出一个更合理的多元分层课程计划。

议题6：让乡村孩子认识到自己的优势

【回忆】

在我介绍田字格"立足乡土，走向未来"的理念①时，钱老又提到："要认识你脚下的土地。土地有两个具体的概念，脚下土地的文化和脚下土地的父老乡亲，即人和历史的文化。这样才有根。人身既是漂泊，又是归土的，这是两个矛盾。人是漂泊的，尤其是全球化时代，但同时也要有根，要守得住。如何取得两者之间的平衡，关键是要有根，要认识脚下的土地。不自信是个问题，包括很多人在国外虽取得了很大的成就，但是很难融入文化。懂得中国老百姓如何的苦，懂得中国老百姓的好。懂得了这两条就懂得中国文明。"

钱老嘱咐说："要和教师说清楚，农村教学有优势，不是处处落后。第一个优势是大自然，农村孩子生活在大自然中，这是最大的优势，城里孩子没有。生活在自然中，比什么都好；第二个优势是民俗乡土；第三个优势是乡情，人情往来，这个城市里也没有。（教育）要保持农村孩子的三个优势。孩子生活在大自然中，大自然是最好的教育方式，农村的民俗文化，地方文化，农村乡情，人与人的来往，这是城市不具备的。"

我们又谈到"发挥农村教育的优势，要编乡土教材"。钱老介绍了当年他参加天下溪的乡土教材的编写，提到这些工作一定要做，并且要用自己的力量影响到更多的人重视乡土教育。

钱老的一席话，对我后来的课程设计影响很大，他说"乡村孩子的视野应该从小乡土到中国民俗再到全球化"。

【沉淀】

受钱老的启发，田字格后来的课程设计，一直坚持"从乡土出发，深入体验，继而扩展与生命及世界链接"的原则。在未来的实践上，我们可

---

① 后理念发展为："立足乡土，敬爱自然，回归人本，走向未来"。

以让乡土课更"乡土",并增加乡土课的自然教育内涵。

议题7:教育的未来内涵

【回忆】

在谈到未来时,钱老指出教育要教育孩子思考"未来",这个未来不仅是孩子自己的未来,也包含人类的未来。我们教育孩子要有"未来的格局"。"有些问题,我们这一代思考不好,解决不了,但这是他们这一代要面临的问题,他们要思考要解决。"

钱老指出人类未来面临三大难题:

(1)人与自然:新一代人将面临"人和自然的关系的问题,这是未来的核心问题:人将如何与自然相处?"

(2)社会与制度的选择将成为全球性的问题:"现行的制度都面临问题,无论是社会主义制度还是资本主义制度都有问题,我们要重新思考制度选择问题。全球化将面临危机。这个问题,我们这一代人可以搁置不谈,在一定范围内生存。但是从教育的角度,教育家要思考,你教育的孩子是不是能有全球视野,是否具有批判性思维,你培养的孩子是否能解决他们即将面临的全球化问题?"

(3)科技:"你教育的孩子对科技持有什么态度?科技将产生变化。我完全不能预料科技可能会带来的变化。"

【沉淀】

让孩子可以思考到人类、自然、制度等维度的教育是一种有格局的教育。

如何才能培养有"格局"的孩子?我还是强调教育要培养"社会的人""地球的人"而不是"书本的人"。一个"社会的人"就是一个关切社会发展,关心人类命运的人,而不是只读书本的人。恰巧刚刚结束高考,网上又传出很多孩子扔书的壮观场面,这种照片令我心痛:怎样的教育才能让孩子如此痛恨书本?当读书只为考试,教育只为升学和就业,孩子又如何从教育中、从关心社会的发展中找到生命的意义呢？

田字格要坚持"生命课""乡土课""共同生活课""自主修习课"这些极具田字格特色的课程的开展及探索，要把这些课做到极致。这些课不仅滋养乡村孩子的生命成长，激发孩子的内在驱动，也培养他们成为一个社会人、一个地球人，从而自信、从容地"走向未来"。

三、心怀彼岸，乘风破浪

"以乡土人本教育创新推动乡村教育公平"是田字格的使命。田字格在三年实践中形成了乡土人本教育理念及课程设计，发展出自己的教学方法。在理念上，我们坚持立足乡土、敬爱自然、回归人本、走向未来的四个维度，在课程设计上坚持国家教育大纲与创新教育的平衡，在教学方法上坚持以儿童为中心的体验和学习。

今天田字格的乡村教育实践探索已经走过了步履艰难的草创期，我们的队伍在日益壮大，乡土人本教育理念也在完善和积极推广之中，我们进入了更具有挑战的成长期。

成长中的田字格期待有更多仁人志士的加入，发扬老一辈志愿者的奉献与奋斗精神，树立新一代志愿者创新与理性的风范，以行动致敬前辈，以行动激励吾辈。

未来的我能做也必须做的是：带领团队，心怀彼岸，坚持实践，不断修正，乘风破浪。

感谢当年陪同的老年之家朱莉女士留有现场录音，感谢孔美根据录音转文字。

2020年7月21日于上海

我为什么当贵州村小校长？

一

本周的家庭微信会议如期召开。四人四地，透过视频，一家人聊聊彼此过去一周的工作、学习或是生活。小儿子的话少，喜欢用三个字贯穿对话：你好吗？挺好的，还可以……在英国读书的大儿子话比较多，从读的书到特朗普到女朋友无所不谈；在京出差的孩儿他爹则秉承一贯的调侃风格，和两个儿子开玩笑，然后说现在肖校长可以发言了。我开始眉飞色舞地谈论学校的新鲜事：一个娃学会擦鼻涕了，美美老师自己做了一个板凳……小儿子偶尔穿插句挺好的，大儿子也会礼貌地赞美我一下，孩他爹很快哈欠连天，我赶忙知趣地说：大家都早点休息吧，我明早有课。

放下手机，我一边抓着身上大大小小被蚊子跳蚤咬的包，一边思考：我为啥要来贵州当校长？

贵州正安的兴隆村山水秀美。每日清晨，当我推开宿舍的窗户时，我都会惊呼：好美啊！学校位于山谷的坡地上，被秀美的群山环绕。从操场远眺群山跌宕，连绵不断，近看梯田层层，曲折蜿蜒。学校周围有大片的自然泉水灌溉的水田，洋洋荡荡。水池边有三两棵不知名的大树，投下波折的倒影，田里则总有两只鸭子悠闲地游来荡去。

兴隆山水虽秀美，但却绝不是让我抛家弃业远离亲人的原因。毕竟，这世上比兴隆美丽的地方不计其数。

兴隆小学的孩子淳朴可爱。每当听到他们喊"老师好"时，我也会笑。这种笑是由衷的，就如他们的笑容一样。

如果只是为了这九十名乡村小学生能接受好一点的教育，我大可不必把整个田字格上海专职团队移入大山。我依旧可以沿袭既往七年作为公益人的生活工作方式：人驻扎在上海，依靠高密度出差的模式完成对学校的管理。

事实上，我和我的团队是搬迁驻扎在这所山村小学，希望用三到六年的时间，探索出乡村教育的模式。我们深知，属于乡村的教育只能在大山里的泥土中"长"出来，而这种教育的落地、生根、发芽需要这批对理念笃信对教育充满热忱的人身心投入于大地之上、乡土之中，以生命陪伴和培育。

团队从三月开始在校驻扎，最短的要待一年半，大部分人则决心在这里待三年或以上。三个月来整个团队一直处于高强度高负荷的状态，我们像久旱的干田般拼命地在学习、讨论、培训、游学中吸吮养分，希望能在9月开学时，给孩子们提供一块肥沃而坚实的土地，让他们可以在这里健康学习和茁壮成长。每天，我们以热情迎接各种挑战，以平静对待各种预知和未能预知的困难，又以感恩之心结束一天的工作。

世上有一种人是带着使命来到这个世界上的。我和田字格的使命就是要在推进乡村教育公平的路上为乡村孩子寻找一种属于他们的好教育。我们希望，也相信，中国农村的教育需要改变，改变可以从兴隆田小开始，从我们开始。

二

兴隆小学是一所设施相对完善的村小，有一栋三层教学楼，还有一栋可供100多名学生住宿的宿舍楼。四年前建设这所村级小学时，尚有300多名在校生，而今学生不足百人。这个规模对当今一所村小而言也算是颇具规模了。现在，一般村小学的学生人数介于40到60人之间。

村小学生都去了哪里呢？

他们大多随爷爷奶奶或是爸爸妈妈去了镇小学或是县城小学上学，少

数一些则随父母去了打工地的民工子弟学校就读。有点条件的家庭，会让爷爷奶奶在县城租借简陋狭小的居所，选择让孩子和陌生的县城娃挤在一间达五六十人的教室中读书。为了能支付孩子在县城的读书费用，大多数父母依然选择背井离乡，让孩子在县城和爷爷奶奶留守。虽然贫困山区的县城教育也令人堪忧，但老乡们还是会认为县城的教育更好些。重要的是，到了县城意味着他们的孩子离城市近了，离他们的梦想近了。

走出大山，离开土地，过城里人过的日子，是大多数山里人的愿望。为此，他们希望孩子吃城里人吃的饭，读城里人读的书。

吃城里人吃的饭，本是一个历史遗留的观念。在20世纪80年代前，"吃城里人的饭"指的是可用粮票买口粮。粮票是一种身份象征，是拥有城市户口的人的特权。而城市户口则意味着在就业、升学，甚至医疗上有保障。如今粮票取消了，大多数来城里打工的农村人可以像城里人一样想吃啥就有啥。

读城里人读的书，这句话对农村人的确切含义是读城里人升学考试需要读的书。中国幅员辽阔，30多个省，56个民族，城乡差异、地区差异、民族差异巨大，而几乎所有的农村义务教育都使用统一的教材。这些教材的编写、配套的《课课练》习题本及《教师用书》，都是完全以城市为导向的，充斥着远离农村的经验和生活的各种名词和概念。为了理解这些陌生的名词和概念，农村孩子不得不花远比城市孩子多得多的时间去啃课本。而事实上，农村孩子的读书学习时间远比城市孩子要少，因为回家以后他们还要喂猪喂牛，还要下地干活儿。

农村人读城里人的书能读出什么结果？大学的独木桥太窄了，战战兢兢的农村娃与条件优越的城市孩子同挤在一条布满荆棘的独木桥上，不是陪读就是陪练，胜出者微。《寒门再难出贵子》的文章已经在网上流传多年，北大农村子弟的招收率逐年下降已成旧闻。田字格8年来资助的农村高中贫困生累积有1700多人次，资助的学生基本上成绩在学校排在前列，即使这样，每年田娃毕业生升大学的比例也低于50%。当我们跟踪这些蹒跚走过独木桥的农村孩子的后大学时代时，我们悲哀地发现很多娃的命运并没有因上大学而改变，他们还会面临就业难、在城市生存难的新困境。此时，他们既回不去故乡，也融不进都市。

城市离他们近了，幸福离他们远了。

三

禁锢僵化的教育体制，愈演愈烈的城乡差异，城市文明主导及优越的传播，共同导致如今中国的农村人鄙视自己的文化，痛恨乡土，盲目崇拜城市生活。离土离乡是农村人最大的梦想。

1月我来村里做田调，看到许多被遗弃的百年老房。询问屋主去向，村里人答说去了县城。某些被遗弃老房的边上盖了新房，新房用鲜亮的瓷砖贴起，用闪闪亮亮的不锈钢装饰。可以看出，农民理解的小康就是照葫芦画瓢地模仿城里人的生活方式。由于经济条件限制或是理解不够深入，"瓢"有时画得难免有些粗糙，但也阻止不了那种假梦成真带来的安慰。

当我走访农户时，他们会羞于自己家的简陋或是贫寒，羞于自己的普通话不好，羞于他们和城市人的差异。一次家访时，我看到老奶奶穿着一件很有特色的民族服饰，提出要给她拍照片，穿着土布衣服的奶奶很兴奋，说你等等哈，我换换衣服。我说您的蓝衣服好看呢，她笑笑摆手，跑回房间换了一件粗呢衣服出来，拉拉直，摆好姿势让我拍照。后来我知道，这件衣服是城里人捐来的旧衣。

农村人对自己差异化的优势认知不足、审美混乱只是表象，问题的实质是价值的混乱，伦理的丧失。这才更让人忧心。

一次，我随村主任到农户家调解家庭纠纷。闹矛盾的是父子，争执的焦点：是否要把远在湖南女儿家生病的老伴接回来治病，接她回来的路费该由谁承担。从深圳打工归来的30多岁的儿子，染着黄发，穿着吊脚裤，叼着烟，趾高气扬，用带着脏字的方言大声训斥着父亲，因为他不同意将

△兴隆村的百年老房子　摄于2017年1月

母亲接回家治病，觉得这样太费钱。双方吵到最后，儿子指着父亲的鼻子说：你去死吧，房间里就有敌敌畏，你去啊，去啊……村主任在调解时，邻居们站在远处默默地望着，没有人上来阻止儿子的不孝和粗暴，而费尽口舌的村主任最后也只能摇头离去。老乡后来告诉我，这种事很多。

田字格资助了近千个贫困高中生，几乎每个娃都有一段悲惨的故事，而这其中又发生了太多听来令人觉得伦理混乱的故事。任何一个村，只要待的时间足够长，就能遇到这类事情。

四

乡下人鄙视自己的背景、文化甚至出身，这不是他们的错，是社会的错，是教育的错。

乡村振兴不仅需要从上而下的口号及政策，更需要自下而上的推动和呼应。乡村教育的重建需要乡村有一批热爱乡村热爱教育的乡村人、乡村教师。

每当我们提到乡村教育落后的时候，很多人会将其归咎于中国乡村缺老师，而缺老师的关键是薪水低。其实，乡村教育的死结不在于缺老师或缺经费，而在于乡村教育缺少希望，老师缺少情怀。

乡村不缺老师吗？缺，但准确地说，乡村学校缺的是有爱心有责任心的老师。事实上，即使是贫困县的乡镇，教师名册也常常是超编的。这几年政府加大了对山区教育的投入，不仅扩编而且还招募特岗教师。田字格在威宁和正安县所在支教点的乡镇的实际编制都是满员，但实际情况是有些老师只是名字出现在编制名单上，人并不出现在学校教书，而有些出现在学校的老师，则人在心不在。

外界会说这是由于乡村教师的待遇太低造成的。事实如此吗？我知道有些省县的乡村教师不仅有补贴，还有各种津贴，基本薪资待遇并不比城市教师低。甚至若将工作强度作为一个参考指标的话，我认为一些乡村教

师的待遇甚至优于城市教师的待遇。

我经常想，若正值壮年的我在乡村体制内教书，我能教孩子什么？学做人吗？我终日里教孩子做人的道理而常常不得不言行不一，上课时给孩子讲述学雷锋的故事，下课则需要填写各种虚假报表，我在思品课上教导孩子要有理想有志向，而自己却整日浑浑噩噩。我没有人格分裂就很不错了。我教孩子知识吗？曾几何时，我还很有成就感，因为我识字算数的本领还可以让我骄傲一下，而如今，来自全国的各种复杂刁钻的试卷考题扑面而来，别说我这个乡村教师驾驭不了了，就是城市教师也未必能驾驭。不教知识不教做人，我的价值何在？如果我是一个乡村教师，我很可能也会选择混日子。

五

反省田字格的支教实践，我不得不告诉自己：支教只是给奄奄一息的农村教育补充了点维生素，没有改变乡村教育的致命问题。支教既不能改变乡村教育现状也不能让乡村教育重获生机，支教更多的是让年轻人了解中国农村教育现状、体验不同的人生经历、获得锻炼成长。

农村教育的真正改变需要也必须由乡村老师来完成，而乡村教师改变的开始则是点燃教育热情。点燃乡村老师教育热情的关键是：农村的教育应该扎根农村，农村教育需要在乡土之中孕育而生，而不是简单地从城市移植。如此，乡村教师才能寻找到教育的真谛和自我存在的价值。

田字格兴隆实验小学的教师招募帖清晰地表述了我们的办校理念，兴隆田小将以"立足农村，走向未来"为办学理念。我们培养的孩子必须"留在山区能生活，走出大山能生存"，他们需要具备较强的读、写、算及网络技能，同时还具备自主学习、与他人合作、善于沟通表达等进入现代社会所必需的各种能力。为此，我们认为不仅要学习基本的语数外课程，更重要的是我们还将带领孩子一起从本地丰富的教学资源出发，以孩子切身所经验的、日常所熟悉的鸟兽草木、山川河流、耕作手工、乡土文化为根基，寻找宇宙人生中的万物真理。

我们相信，田字格教育理念，不仅能为乡村孩子找到好教育，也能为乡村教师提供可以施展自己特长展示自己风采的舞台，因为这些来自乡村的教师最知乡土，也最知田野中奔跑的孩子的需求。

为了走出一条新的乡村教育之路，半年来，我们夜以继日，出国学习，请名师指导，深入村庄，走进课堂。在学习吸收各家之长之后，我们逐渐形成了自己的农村教育理论。这些理论会在兴隆小学落实，并在实践中不断修正。

一路走下来，我们越来越坚信这种可以激发出孩子和教师自身热情的"体验式自主学习"模式是一种适合农村且能更好地培养农村人才的教育模式。我们虽知道路漫长，甚至知道我们的宏伟目标可能不是几个人或一代人可以完成的，它需要接力式的努力和不懈的奋斗，但这份努力与付出的价值让我们每位参与者都为此骄傲。我们相信，这样的教育形式，可以让乡村教师充满热情、骄傲地走进教室，可以让农村子弟昂首步入未来。

夜深了，窗外蛙声阵阵，我敲字有些累了。但是一想到秋高气爽之时，山里的孩子将在这所美丽的学校中体验从未有过的学习经历，一想到我们所做的努力会唤起他们内心深处探索的欲望和好学的天性，一想到未来农村的孩子可以不必然吃城里人吃的饭，读城里人读的书，我就激动不已，也几乎忘记了周身被蚊虫叮咬的瘙痒了。

为了这样的理想，和一群志同道合的朋友来到这么美的学校，面对这么可爱的孩子，别说待个一两年，就是一生也值得。

中国乡村教育的改革之路艰难，道阻且长，虽千万人吾往矣。

2017年6月10日于兴隆

走进诗与远方

窗外雷鸣电闪,空气中厚厚的云雾终于变成雨水痛快地泄了下来。

我站在学校宿舍的窗口旁,凝望夜色中的重重山峦,静看春雨在风中飞一般地扑向大山,那雨仿佛被大山吸纳,瞬间不见,又瞬间以水汽的形式被山吐出。山色原本朦胧,现在又水雾弥漫,充满诗意。

这让我想起秋季时改写的海子的诗,我把它送给了田字格的支教们:

从明天起,做一个幸福的人
写字,教课,周游世界
从明天起,关心教育和孩子
我有一所房子,面朝群山,春暖花开

从明天起,和每一个亲人通信
告诉他们我的幸福
那幸福的闪电告诉我的
我将告诉每一个人
给每一条河每一座山取一个温暖的名字

陌生人,我也为你祝福
愿你有一个灿烂的童年
愿你遇见一位好老师
愿你在尘世获得幸福
我愿面朝群山,春暖花开

此刻，我感觉自己走进了诗里，而远方就在眼前。

兴隆的山真美，美得像一首诗，虽没有"白日依山尽"的雄伟壮观，却不失"空山不见人"的幽静与静谧。

在诗一样美的山里，我们做着诗一样美的事，心里也像诗一般甜蜜。几位和我一样离家舍业的女子，每天在这里日出而作，月高而息。我们潜心攻读、交流、观摩教学，在不下雨的傍晚，嘻嘻哈哈地跑到村里和老乡扯扯家常，自认在学习风俗。说来，大家聚集在此的目的也如诗一般的浪漫：为乡村孩子探索属于他们的好教育。

春雨像撒豆一般落在地上，发出清脆的声音，那声音仿佛提醒我身居远方。

这兴隆村离家真的有点远。从上海要先坐飞机飞两个多钟头到贵阳，再转乘大巴五六个小时后才能到县城。县城到村里不通公交，公交只能到一个叫鱼塘的站点，那里距离学校还有四五十分钟的山路。

我的远方还不只是远在物理距离，而是远在心中。远方是我们美好的乡村教育愿景：让所有乡村的孩子可以在家乡享受好教育。让山里的孩子们不再因读书而背井离乡，他们可以在这青山绿水中嬉戏玩耍、读书学习。

雨，依旧下，雨声忽远忽近，近的好像就在眼前，远的好似躲在雾里，好似诗与远方。

> 我跋山涉水奔向远方
> 只为写下一首小诗
> 诗中有山有水还有娃
> 那山会笑
> 那水会跳
> 那里的娃儿会歌唱

我跋山涉水奔向远方

只为写下一首小诗

诗中有人有亲还有泪

那人会说话

那亲会烧饭

那泪花可以掀波澜

我跋山涉水奔向远方

只为给远方写下一首小诗

那里每个村庄都有人

家家户户飘饭香

每个娃儿会歌唱

欢歌笑语书声琅琅

我不知在风雨中奔向远方会遇到怎样的坎坷,正如我不知这场办学及教育探索的路将会遇到怎样的艰辛一样。但我笃定,走进诗与远方将是我命中注定的事业,也是我人生弥足珍贵的经历。

我既然走进了诗与远方,就注定要书写精彩的诗句送给美好的远方。

春分的雨下得真好,春雨过后或许就是个阳光明媚的日子。

2017年3月20日于兴隆

2020年9月28修改于兴隆

第二章 二生三

乡土观

树高千丈,叶落归根;
惟以家乡,吾生有祥;
里仁为美,祖德流芳;
土育万物,乡承文化;
血脉相连,挚爱莫忘;
感恩乡土,厚福有望。

铭记那些曾来过这里的人

一

第一次来兴隆是2015年秋天的一个傍晚，夕阳斜洒在斑驳的老台阶上，拾级而上站在操场可以远眺山寨，那里正飘出袅袅的炊烟。

雷校长很兴奋地把我拉到教学楼后，指着一棵两米多高正在盛开的茶花树说：这树有两百多年的历史了。此树主干有碗口粗，三个分杈有杯口大，曲折向上，枝叶茂盛，花朵盛开。每朵花都有三四个花蕊，层叠开放，朵朵艳丽。雷校长指着地上的香炉灰说，这树很有灵性，附近百姓常来烧香膜拜。

雷校长又掏出手机，一张张翻给我看他连续几年拍的照片，兴奋地说："你看，它的花期有半年长。这树很神奇，据说两百年来树身一直就这么大。老百姓家里有事就来拜拜，很灵的。"他又凑过来压低声音说："还有人说，这树下面埋着一个和尚。"

生命奇妙，令人心生敬畏。

兴隆小学的历史可以追溯到明朝嘉靖年间。据说这里曾是明朝的一座庙宇，叫报真寺，县志记载说是1541年由真州的一位郑长官建立的。雷校长说他在县图书馆还查询到：在20世纪40年代，名叫万明川和叶海军的两个人联合在这座庙宇办了私学，附近的乡村子弟就在此读书。中华人民共和国成立后，政府用庙宇场地办了新式小学，当然，庙里的和尚和尼姑都被驱散了，各种菩萨和佛像也在"文革"时期被砸烂了。

庙宇被彻底拆除是1980年的事。学校现在的老师大多是此后来的，没有见过当年的庙宇。那时候，照相机在这个偏远又不通路的村庄是个稀罕物件，因此我也没有看到当年学校的照片。

在校的老师们也没能描述拆除老庙时的场面。我只能依据我对那个时代的记忆和理解发挥我的想象力。刚刚经过"文革"洗礼的人们，在情感上不喜欢老东西。破四旧，认为老的就是旧的，旧的就要破。可以想象父老乡亲们因新学校建立而喜悦，因为他们他们的子女将有更大更好的校舍了；也可以想象他们用各种工具忙着拆除破旧庙宇时的兴高采烈，那场面一定热闹非凡，能拿走的拿走，不能拿走的或打烂或扔或埋，很多老石头、老砖、老木头都被推埋了，老庙被毁之殆尽。

庙宇的拆除很顺利，大概只用了个把月，就把这间有四百年历史的庙宇夷平了。至今留在校园里的，还有十级古台阶、9个柱墩和一棵茶树。我跟孩子们说：这些都是文物，他们会讲故事。他们不仅述说着这个学校的历史，也诉说着我们村的历史。孩子不信，我说，你们要学会安静下来听，安静地听，那棵古茶花在说什么？有孩子会跑过来说：老师，我听到了，它说它喜欢我。

历史总是试图通过拆、埋、改来让人们遗忘它，好在它总会善意地留下蛛丝马迹，让后人可以追思、凭吊和反省。

二

我喜欢在校园里徘徊徜徉，觅寻古人的遗迹，感受时空的力量。

作为一个仅有九十多名学生的乡村小学，兴隆的校园很大，占地约10亩。走在校园里，依然可以觅寻到庙宇学堂的种种踪迹。学校大门依山而建，有一个宽约1米半、高约30厘米的十阶石梯通向主体教学楼。虽经沧桑岁月，受多年踩踏，石梯表面已经光滑，但是当年用錾子敲打的纹路还清晰可见。走上石梯，绕过现在的黄色主教学楼，可见一片烽火砖墙及青瓦结构的建筑，此建筑与主楼间的庭院可见残留下的一些青石板。青石板残缺不齐，最大的有3米长、60厘米宽，表面有凿子手工敲打出的痕迹。

据古建保护专家秦同千老师说,这些青石板应有百年以上历史。猜测,应是老庙遗物。

在学校的主楼和食堂前,共有9个不同规格的柱墩,据说这是最宝贵的庙宇遗物了。柱墩分为大中小三种,最大的柱墩直径约有50厘米,依次下来,中等墩柱直径约为40厘米,小柱墩直径约30厘米。据老师们说,从庙宇拆下来的柱墩数量远不止这些,很多柱墩应该散落到老百姓家里了。柱墩的工艺及造型都比较考究,大号柱墩呈多边圆柱形,且刻有花鸟,中小柱墩的做工也很精致。

古建专业的丁博士说,古时候测量房屋是依据梁柱直径计算的。从柱墩直径虽然不能直接推测庙宇的大小,但是,推想如此大的柱墩应该也不会有太小的梁柱,后从学校退休老教师那里了解到,报真寺曾有一个巨大的四合院,东、南、西三面有相连带回廊的两层木楼,供和尚修行,中间有七八米高的塔楼作为佛堂,内供神像。寺庙最多可以容纳三四百人。

三

今天的我们就是明天的历史。兴隆学校20世纪80年代的建筑也在讲述着那个时代的故事。

据1981年就来兴隆执教的老校长陈湄生老师回忆:80年代庙宇被拆除是为了盖新学校。从拆除庙宇再盖校舍大约用了近一年的时间,这段时间学生们就零星地在一些农户家上学。

1981年新建的校舍分为前后两个建筑。从照片看,主建筑是个两层楼的砖混结构,封火山围墙,配砖红色木窗木门,还有一个很西洋的白色回廊。次建筑至今还保留,为一层风格与主建筑一致的平房。次建筑目前作为学校的厨房、仓库及饭堂,大部分窗户已经不见。墙上依稀可见"五讲四美三热爱"的标语口号,提醒我们这是一个80年代的建筑。

◁ 柱墩摄于 2016年12月

△ 老校舍 2016年12月

3月12日，原构设计院高瀛东院长及秦二爷等专家一行6人从上海来到兴隆，他们是为田字格兴隆学校的新建设出谋划策添砖加瓦的。众专家看到老校舍都发出惊叹，认为是民国时期的建筑。在得知这是一个80年代的建筑时，大家都有些诧异，因为无论从建筑风格还是建筑工艺判断，该建筑的年代应该更久远些。

我后又查阅《正安古建筑》，发现兴隆村隶属的格林镇有一个太平村，太平村有一个太平铺场，这个铺场的基本结构及风格与兴隆老校舍几乎一致。书上说，太平铺场是清朝道光年间的建筑。所以可以推测，兴隆学校80年代的老校舍是沿袭了老黔北建筑风格的，当然主建筑又融合了西洋风格，或许受遵义会址启发也不可知。

这样的建筑出现在80年代的黔北并不意外。80年代改革初期的贵州还是一个封闭到几乎与外界隔绝的世界。要知道，兴隆村直到2011年才通毛路（一种保持原有路面的土公路）。封闭，意味着贫困，也意味着保护。我想，80年代的正安几乎没有受到任何外来文化的干扰。百废待兴，人们开始重视教育，盖新学校，那么学校设计的蓝图参考从哪里来？我认为当时的教育局领导应该是个有魄力的人，他决定模仿现存的老建筑老房子建学校。庆幸的是，在这个封闭山区，当时砖瓦建房的各种手工艺也还有保留。于是，我们就在兴隆小学看到了一个黔北老建筑。

拆除这个老校舍的时间是2011年，直接的原因是因为学生人数增加而校舍不够。教育局领导决定拆除老校舍，在旧址上盖新校舍。从可查的记录看，兴隆学校的建设受到了县领导的高度重视，当时领导亲自来到施工现场考察的照片今天依然贴在学校的宣传栏上。老师们说，两层楼的老校舍是用推土机推的，那些青砖青瓦还有白色的回廊被隆隆的推土机推倒了，后来，又被粉碎机打碎成土，做了新楼地基。

当我第一次知道那栋很有风格与品位的老教学楼是在2011年拆除的时候，我的内心有点失落，因为那一年我已经开始在正安助学了，却不曾来过兴隆。如果我那一年来兴隆，能保下那栋老教学楼吗？

令我欣慰的是，老校舍只拆除了一个主楼，平房还在。今日正安教育局的领导们更有文化保护意识，更懂得如何在文化保护和创新中平衡。他们决定修缮老校舍并将此校舍转为专科教室。我相信这个决定将惠泽的不仅是兴隆小学的孩子，也将惠泽更广泛的区域，甚至对未来教育都是一个促进。因为传承也是教育的重要使命之一。

四

我曾经参观过丹麦一所公立小学，那里是历代王子们读书的学校。走进一年级的教室，陈旧的桌椅起码有二三十年的历史，楼梯及护栏也陈旧斑驳，墙面则挂着一张张照片记录着学校的历史，有王子、女王，也有很多我不认识的孩子。我问自己：那些在此读书的孩子，在这间看似陈旧但充满温馨的教室中会有些什么感受？他们应该感受到历史、社会、民族与自己的链接，会感到骄傲，这大约就是传承吧。

教育的一个天然使命就是传承，人类通过教育传承精神与文化，精神和文化有时就写在文物和史遗中，有些则写在花和石头上，当然还有一部分写在老房子上。那些花、那些石、那些老建筑都是有生命的，不仅在诉说历史，也在诉说人生。让我们的孩子在一个充满传说、故事和文化的环境中读书学习是一件多么美妙的事情。可是，这对我们的孩子又是怎样的奢望？说来，这种全国到处可见的大规模地推倒旧舍重建新舍的行为，是为了大人的需要还是为了后代的需要？是为了政绩的需要还是为了教育的需要？

如果我从文化传承和文化保护的角度谈兴隆校舍的保护，有人会觉得这属于富人的呻吟。好吧，那我用一段宿命的故事结束本文。传说，拆庙的时候，很多老百姓把庙里的东西拿回家了，又传说，这些人家都遭到各种如生病、事故等不测，所以，很多老百姓又把这些东西归还了，传说还说，凡是将东西送回庙宇的人，家中又都平安如初。

厨房前的山茶花开得依然绚烂，水泥地上老庙宇的柱墩凝望着远处的青山，它们静静地聆听着孩子们的琅琅读书声。

有一句浪漫的情诗说：我还在原地等你，而你却已经忘记曾经来过这里。

我们的祖先就在这间学校等着我们，他们以智慧庇护着我们和我们的后代，这是一个多么浪漫的故事，我们怎能忘记他们。

2017年3月22日于兴隆

立人堂开堂第一讲

各位同学老师好!

今天站在这间充满历史感的殿堂中,和全校师生共议校园公共事务,如穿越时空般激动。

还是在2017年一月,我和郑教授来兴隆小学勘查,走在村里看到很多老民居人去楼空,破烂不堪,仔细看那些破旧的木头,虽经风吹雨打,但依然散发着岁月沉淀过的古朴之美,那些建筑虽缺墙少瓦,但依稀可见当年建筑结构的大气与色彩协调之美。当时,我闪出一个念头:可不可以收集这些废弃的老木头,为学校建一个古建图书馆?那样,本地的文化既可以在学校得以传承,孩子们也可在充满先人智慧和历史文化的氛围中读书、学习和成长。

10个月后的昨日,我独自在这个空荡荡即将完工的大殿中静坐,一边享受如时空穿越带来的喜悦感,一边潸然泪下,因为只有我最知道,这栋建筑的完成,这所学校的建设,凝聚了太多人的心血和汗水,更凝聚了我个人太多的心血和努力。

今天是11月28号,从一月最初的一个念头,历经十个月的努力奋斗,在各界爱心人士的帮助下,我那个"希望孩子们可以在祖先的庇护下读书"的愿望终于实现啦,我们能在这里上课啦!我怎能不欢喜。

如十月怀胎,修建过程中虽遭遇各种困难,但是,每当我想到这些老木头、老石头将会被赋予新的生命、新的意义时,我就会把困难和烦恼当作一次让自己修行的机会。

今天当我看到大家一起坐在这间散发兴隆历史与文化的大堂中,共同商讨校园公共事务的情境,我的内心像第一次做妈妈一样充满喜悦,那是

△学校古建木头来源之一：格林镇朝阳村大池组叶昌忠家老房子　摄于2017年5月

一幢幢老屋
在夕阳中散发着忧郁的古朴
等待它不测的前途
大多数时候
他们就在风雨中摇曳而去

△立人堂,柱墩有400多年历史 摄于2017年11月

孕育、紧张、担心、坚持和努力之后赢得的喜悦。此刻，我的每一个细胞都充满了爱与感恩：爱在座的每一个孩子，感恩每一位为学校添砖加瓦的朋友。

老师们，同学们，我们所在的殿堂充满了历史：你们眼前的这些老柱子，有些有超过400年的历史，而这些柱墩来自咱们学校的前身——报真寺，那是明朝嘉靖年间修建的古庙，距今也有400多年历史。在殿堂中，我们配备了很多现代化的设备：电灯、电脑、投影、无线网络，还有书籍。我也想让大家知道，我们的脚下曾经有两个建筑：南侧曾经是学校的老厕所，北侧则是古庙遗址。老厕所被我们埋在了脚下，而在修建中挖出的古庙老石头，则被抢救出，经过修整，铺在了学校进门的台阶上了。

我想，这间老房的经历本身也恰好解读了兴隆乡土人本教育模式：大胆抛弃甚至埋葬那些不利于教育、不利于孩子成长的臭石头，赋予那些古老的文化以新的生命，利用现代的教学教法，探索一个迎接未来、适合农村发展的新教育模式。师生共建一个充满学习乐趣、充满爱的校园，共同创造一个美好和谐的新世界。

今天，我站在这里备感激动的另一个原因，是因为在这个凝聚着无数爱心的古老建筑中开堂的第一课是一节意义非凡的课：校园公共事务议事课。

和你们一样，我也是第一次上"校园公共事务议事课"。但你们比我幸运，因为我年过半百才第一次有权利为自己的校园投票，而你们小小年纪就有机会参与学校管理了。

我希望同学们经过这堂课的学习和参与，对学校更有责任感，也更有主人意识。既然是主人，那么你们就有权利决定我们学校的很多公共事务，比如环境、卫生、建设等，对所有这些涉及大家共同生活及学习的事，你们都有权利发表自己的意见。同时，我们也希望你们知道，发表意见，是有流程有规则且有渠道的。流程呢，就是你们这两周所经历的：就一个议题，各班充分讨论，提出提案，然后经过全校讨论，再投票；规则由大家

△古庙老石头,铺在了学校进门的台阶上　摄于2017年11月

共同制定，充分讨论，少数服从多数，但是要尊重聆听少数人的意见，提案一旦通过就要共同执行；渠道呢，就是你们的意见可以通过班级提案，或小组提案，个人提案，可以匿名也可以公开递交到校长信箱。

我希望通过校园公共事务议事课，让同学们懂得权利和义务，你们有权利参与学校的任何公共事务管理，你们也有义务执行我们的各项要求和规定。比如，你有权利在大街上随意行走，但是你过马路时要遵守交通规则。

最后我想告诉大家，这间古建我将它命名为"立人堂"，借古训：己欲立而立人，己欲达而达人。我希望，这间学校不仅能教你们读书，更重要的是要教你们做人，做什么人呢？就如校歌所唱：爱家乡，爱自然，求真理，心向善。最后，你们会成为悠然而自得，古道而热肠，气宇轩昂，充满朝气的坦荡荡的君子。

谢谢大家，校园公共事务议事课正式开始。

2017年11月28日于兴隆

《兴隆校园环保公约》表决表

为维护我们美丽的兴隆校园，保护环境，现汇集各班意见，草拟兴隆校园环保公约》。本表决表共计十项，单一一项得票数超过本校人数半数（48）以上，则该项目将写进《兴隆校园环保公约》。

本表决表，师生及校工一人一票，一年级（含一年级）以上学生有投票权。赞成及反对都不填写视为弃权。在赞成与反对票数相等时，校长有增加一票名额的权利。

请你在下表投你宝贵的一票：

提案	赞成	反对
1.所有垃圾按标识分类投放。		
2.校园内不得随地吐痰。		
3.本校园公共场所（仅除教师宿舍）全面禁烟。		
4.用厕完后需立即冲净马桶（厕所停水需打水冲洗）。		
5.不得攀爬踩踏校内花草树木。		
6.下雨时/后，进农场需换雨鞋。		
7.不得有在校内公共设施上乱刻乱画等破坏行为。		
8.本公约适用于所有进入本校的人员。		
9.本校人员（全体师生）如有违反，第一次给予提醒，第二次点名警告，第三次打扫指定地点。		
10.非本校人员如有违反，将被列入不受欢迎名单。		

谈谈理念教育

田字格兴隆实验小学常常被人说成是中国的"巴学园",但我依旧认为我们和巴学园完全不同。我能理解国内很多人对"理想教育"的了解及憧憬均来自《夏山学校》及《窗边的小豆豆》这两本流行书,因为它们都描绘了孩子是如何在一个充满自由的学校里快乐成长的情景。

夏山学校和巴学园的理念和教学形式并不相同,但他们都属于"理念学校"。如果,我再说陶行知的晓庄师范实验学校也属于理念学校,你是否对理念学校这个概念更有感觉了呢?

理念教育不仅已在全球教育中扮演了重要角色,也对人类未来的教育具有引领作用。我们希望通过理念教育的普及宣传,让更多人了解到:多种教育形式的存在是打造一个国家"健康教育生态"的前提,主流教育与多种非主流教育并存,公共教育中允许不同教育形态与形式的百花齐放,不仅能促进不同教育形式之间相互借鉴、补充、发展,而且会增进公共教育自身的活力和生命力。

一、什么是"理念教育"?

如果你进入荷兰教育部官网,你会看到四类小学:公立学校、私营学校、非宗教私营学校和社区学校。其中,非宗教私营学校是"根据独特的教育理念进行教学,他们不归属于任何意识形态或宗教信仰。例如,蒙特梭利、道尔顿、耶拿、施耐德(华德福)等学校。有时官方机构也会和这些学校合作共同运营,并在学校命名上加以体现。"

被荷兰人称为"非宗教私营学校"的教育,在英语国家通常被归类为

"Alternative Education（AE）"，也就是本文说的理念教育。

当然，Alternative Education的概念在美国使用得更宽泛，且几乎囊括了所有可以替代主流教育的教育形式，除了本文说的理念学校，也包括在家上学（home school）、天才班、磁石学校等。

理解Alternative Education为何翻译为"理念教育"将有助于我们理解理念教育的特点和本质。

Alternative Education在其他地区有几种不同的翻译。

1. 另类教育。中国香港、台湾地区的早期资料及大陆的百度百科将Alternative Education（AE）直译为"另类教育"，以强调这种教育的"非传统"和"非主流"性。AE的确在学制、科目、教学形式及内容上都与主流教育不同：比如华德福教育的小学阶段是1—8年级，还有一些理念学校在三年级以后才让学生接触数学。南方人物周刊的《另类教育探索先行者》描述了中国大理存在的草根另类教育方式：有的在家读书，也有国学班等等。

2. 实验教育。2014年中国台湾通过了"实验教育三法"后，实验教育一词在官方及民间广泛传播。在台湾颁布的《实验教育法》中对"实验教育"的定义是"一种和主流体制不同的教育，指政府或民间为促进教育革新，在教育理念的指引下，探究与发现改进教育务实的做法。"此后，台湾人多把理念教育称为"实验教育"。我想，实验教育四个字强调了理念教育的另外一个特点：创新性。理念学校通常会打破颠覆很多主流常规概念，一些报道的标题可以让我们感受各种创新与突破："没有围墙的学校"，"没有铃声的学校"，"没有课表的学校"，等等。中国台湾地区涌现出各种理念学校，具有很强的创新性，为台湾教育发展注入了活力。

3. 替代教育。日本人将理念教育翻译为"替代教育"。这个翻译强调了Alternative原意中"替代"的意思，也更强调AE教育对主流教育的替代性，传递更积极主动的意思。在理念教育比较发达的欧美国家，接受理念教育的毕业生虽平时不参加国家各类考试，但最后也一样有机会被录取到优秀的大学读书。

4.理念教育。亚洲的一些学者会强调：AE学校一般都有自己的教育理念，所以他们通常将AE翻译为"理念教育"。"理念教育"虽不是"Alternative Education"的直译，但它准确地解释了AE与主流教育本质的不同：理念学校不仅是学制、科目、教学方法与主流学校不同，关键是理念与主流教育有区别。大多数理念教育开拓者都具有人本主义思想，强调以儿童为中心的学习、经验的教育、非正式的教室环境、自由、独立、民主与创造性等。他们的基本精神是倾向人本进步主义，但又各自有其理念和方法，每一种类型的每一所学校都有其追求的独特理念，甚至遵循同一理念的两所华德福学校都自成一格。

考虑到Alternative Education在某些欧美国家已不被视为"另类"教育，而成为很流行的可供选择的教育，并已融入公共教育之中；再考虑到Alternative Education的历史几乎与公共教育历史一样悠久，且如蒙特梭利等教育在理论上已相当完善且成熟、在实践上已取得瞩目成效，早已非"实验"性质；又考虑到AE教育与全球的主流教育本质区别在于"理念差异"，我主张将Alternative Education翻译为"理念教育"，如此才能反映出这种教育的本质。

二、什么是主流教育？

我们是否对下面的场景很熟悉呢？

"学生都要在固定的课程安排下学习基本学科，而内容主要是强调阅读、写作、拼字、算术，并且吸收有关这个世界的各种知识；学生另外还要研读文学、历史、地理及自然科学，老师是整个教学过程、授业及训练孩子的核心；学生要背课文并在课堂上朗诵出来；学校会安排考试，而且会打分数；纪律和礼节是相当重要的，孩子坐在一排排的椅子上，面对着老师和教室前方的黑板听课；学生得安静、专心听课，并且要听从老师的命令；学校的规定非常严格，必要时还会有具体的处罚；学生上下课时都要排队前进，每天上学和放学时刻及每堂课的交替时，都会由铃声来通知。"

这是美国作者在《学习自由的国度——另类理念学校在美国的实践》书中描写的20世纪的美国主流学校情景，它不仅是今天中国的教育现实也是全世界很多国家的教育现实。

这种主流学校的教育场景广泛存在于在全球推行的"义务教育"或"公共教育"之中：大多数国家的大多数学龄儿童，到了适时的年龄，根据住所地址和地理边界，将被分配到学校去读书。由于学生被分配到特定的学校，公共教育致力于确保所有学校都有统一的课程及统一的纲要，甚至教材。

说起来，这种主流教育形式最早起源于18世纪的德国。那时的德国处于四分五裂的状态，其中普鲁士的国王腓特烈·威廉一世在1717年颁布了《普鲁士义务强迫入学实施规则》，规定："父母必须依其规定，送子女入学，否则将受处罚。"因为他希望通过教育培养"服从政府、敬畏上帝、勤奋和节俭的人民"，以让国家强大。

这是世界上最早的义务教育。

普鲁士的国王贵族们不仅让教育免费、义务，同时逐渐建立并完善了一套完整的教育制度，比如，学校所学科目由国家统一规定，学习科目的教学大纲由国家统一制定，教师需经过专业训练且需考取资格证书，国家通过考试监测教育质量等等，这一套制度又被称为"普鲁士教育制度"。普鲁士教育为普鲁士及后来德国的强大奠定了基础。

此后，欧洲各国为强大国家，纷纷效仿德国，实行义务教育制度。

1791—1793年，法国开始实行义务教育。

1852年，美国的爱德华在纽约引入普鲁士教育制度。

1859年，意大利首相加富尔开始建立学校，制定《卡萨帝教育法》。

1870年，英国强制小学义务教育。

当今各国政府推行的义务教育不仅具有免费及强制特性，也都多少具有强烈的普鲁士教育制度色彩：统一的教育大纲，统一的科目、课本和考试，统一的教师培训体系。

目前，全球大部分国家和地区都实行了义务教育，只是义务教育覆盖的年限及普及率有差异，比如，一些西方国家实行10~12年不等的义务教育，中国和日本目前实行9年义务教育。

三、从新教育运动中孕育而生的理念教育

18世纪到19世纪的欧美教育，无论是普鲁士的义务教育还是教会教育，都具有强烈的教化、灌输作用，培养为国服务的"工具"或为宗教献身的上帝的"仆人"。

义务教育的推广为不断发展的欧洲资本主义社会提供了具有服从精神及战斗力的士兵，培养了守纪律、有文化、有技术的工人，使欧洲日益强大。

但人们也逐渐看到了标准化义务教育制度的局限性：它不仅极大地束缚了人性、禁锢了人的创造力，同时僵化的体制也极大地限制了教师的主动性。与此同时，欧洲的人文主义精神开始兴起，以卢梭为代表的哲学家、教育家开始关注教育的本质即人性、人本的教育。于是，一些教育探索先锋开始冲击体制教育，"新教育运动"应运而生。

1889年，英国教育家塞西尔·雷迪博士因为对公立义务教育极为不满，认为这种教育与日常生活的实际需要严重脱节，不仅不能培养学生的"社会合作精神"且还会导致学生发展片面。性格执着的雷迪博士，在欧洲首创了一间以"培养有个性、有能力、有智慧，且身体与手脚都全面发展的'自主独立'的人"为目标的学校，叫艾伯茨霍姆学校。虽然，这所学校以失败告终，但是雷迪博士吹起了"新教育"的号角，他旗帜鲜明地宣布：

学校不再是为国家或宗教服务的机构，而是培养"自主独立的人"的地方。此后，新教育，创新教育，理念教育实践者前赴后继。

1896年，美国教育家约翰·杜威（John Dewey）创建芝加哥实验学校，实践其"教育重心要在儿童的活动上而不是课本上"，"学校要与社会生活相联系"的理念。

1907年，意大利的蒙特梭利（Montessori）在罗马创立第一所以"激发儿童内在生命潜力"为教育目标的儿童之家。

1914年，新教育传到美国，美国人奥丹在纽约建立一所新教育学校，后来发展为进步主义学校。

1919年，德国的鲁道夫·史代纳（Rudolf Steiner）创办了第一家以儿童"身、心、灵"整体发展为目标的华德福学校。

1921年，英国A.S.尼尔以"民主、自由"为宗旨创办了夏山学校，同年新教育联盟（New Education Fellowship）成立。

1923年，德国彼得·彼得森（Peter Petersen）教授为培养学生社会互动与生活适应能力，于耶拿大学创立耶拿教育制度。

同年，法国塞莱斯坦·弗雷内（Celestin Freinet）建立了一个"更有效率、更加自由、更人性化"的现代学校，这种教育对法国小学教育影响深刻，弗雷内教育法延续至今。

新教育学校各具特色，但有共性：新教育学校一般坐落在美丽的乡村，强调人与自然的关系，强调"活动"和"劳作"的作用，而不十分强调"背诵、记忆"或"书本"，强调"用手"而不是"只用脑"，一般都设有手工劳动、语言和农耕等课。

新教育作为一种运动在第二次世界大战后走向衰落，但是从运动中孕育而生的各类富有独特理念的优秀学校从那时扎根，延续至今，并给世界教育的发展产生了深远影响。上文列举的主要发源于欧洲的新教育学校已经成为欧洲理念教育的代表，有些已经演变并融入今日某些欧洲国家的主流教育之中。

四、理念教育在20世纪的发展

20世纪60年代的世界,自由主义及无政府主义、人文思想大流行,一些教育家开始探索管理及教学模式更"自由的"教育形式。甚至在美国出现了自由学校运动(free school movement),德国出现自由理念学校(freie Alternativeschule),英国出现人性规模教育运动(Human Scale Education Movement),于是理念教育又涌现出了一批以"自由、民主"(民主学校)为特征的学校。

其中,比较著名且具有里程碑意义的学校有:

1968年,美国瑟谷学校成立。这是一家比夏山学校更自由,更强调自由与自主学习的学校。没有课程设置,学校运营完全采用民主议会,甚至包括教师的聘用和解雇。

1979年,日本绪川学校成立。这是日本或许是亚洲最早的理念学校。笔者有幸参观过这所学校。创办人及校长加藤幸次说,他希望培养"有宽裕的心、强壮的身体、有自主学习能力和行动力的,具有适应21世纪生存能力的学生"。

1994年,中国台湾种籽亲子实验小学创立。

这类自由学校或民主学校虽然"自由、民主"的尺度不同,但一般都以孩子为中心,校风自由开放,结构松散,学校管理、课表制定、学生选课,甚至到教师的聘用都采用自由形式及民主流程。比如,我去过的台湾种籽亲子实验小学,学生不仅可以选课还可以全校范围内选择导师(班主任),所以,他们的班级都是一年级到六年级混龄在一起。学校大小事务由全校大会进行讨论,且由学生法庭处理生生与师生之间的争端与矛盾。

进入21世纪,理念教育在全球蓬勃发展,仅以蒙特梭利教育为例:根据北美蒙特梭利协会的资料,在全球有2万所蒙特梭利学校,包括提供12年教育的学校。接受过蒙特梭利教育的名人很多,包括比尔·盖茨、谷歌创始人布林和佩奇、亚马逊创始人杰夫贝索斯、美国总统比尔·克林顿等等。

五、对理念教育认识的误区

因为理念教育在中国宣传得不多,所以很多人会对这种教育产生误会,比较常见的误区有:

1. 理念学校都是私立贵族学校且为非主流

非也。早期的理念学校以草根形式作为一种激进的理念起源于欧洲,以"另类"身份出现在公共教育的边缘,大多为私立性质。但随着"教育多样性"及"保障受教育者教育权利"成为很多国家的教育目标后,理念教育开始进入公共教育范畴。

在发达国家,理念教育经历了从"增加教育的多样性"发展成"增加公共教育的多样性"的过程,很多国家有公立的理念学校。现在几乎在欧美的每个社区都有理念学校,据统计目前在美国大约有20%的人在各类AE学校就读。法国目前有1000多家理念教育学校。2011年,法国教育部长Jean-Michel Blanquer大力支持理念教育在公立学校的推广,他加大推广蒙特梭利、华德福和弗雷内教育的力度。

在一些国家如芬兰,公共教育也彻底抛弃了传统理念,将理念教育思想融入国家课纲,让理念教育(以儿童为中心,注重体验教育思想等)成为国家的主流教育惠及整个民族后代。

另外,在一些欧洲国家,即使私立的理念学校也会受到政府的大力支持。比如,法国的泉源学校,虽然是与国家签约的私立学校,但属于法国的重点实验学校,因此接受教育部与法国新教育协会的资金补助,高中学生需要缴纳的学费不过一年3000多元,与公立高中区别不大。

2. 理念教育主要集中在小学和幼儿园

欧美理念学校非常普及,以小学数量最多,但也有相当数量的初中及高中。各类大学也为录取这类学校的学生打开大门,设有不同的申请流程。

3. 理念教育都是追求自由的教育,教师不管学生

非也。理念教育类型很多,其中最追求民主自由的学校被称为"民主

学校"（也叫自由学校），这类学校强调自由自在的学习氛围及民主的管理形式，我们比较熟悉的夏山学校属于民主学校，但民主学校在全球数量并不多。

更多的理念学校强调在民主、自由的基础上培养孩子的责任、自律、自主学习等品质及能力。

4. 理念教育只适合在欧美发达国家推行

未必。20世纪80年代起源于美洲哥伦比亚的"新学校"，教学资源取自生活，学校与社区紧密结合，注重学生的个体感受。哥伦比亚的新教育模式在乡村取得了成功。这一教育形式也在很多拉美国家生根发芽，如巴西、智利、墨西哥、尼加拉瓜、巴拿马、萨尔瓦多或秘鲁，甚至传播到了非洲的乌干达和亚洲的越南、菲律宾等国。

六、理念教育对中国公共教育的影响

理念教育已成为很多国家公共教育的一个组成部分，并在世界上越来越受欢迎。理念教育在很多国家的发展路径是：一些家长、教育工作者们为了给自己的孩子寻找好的教育，自发组织建立学校，随后他们又融入一些理念教育领袖的教育思想，从草根教育走向理念教育，随后政府看到并接受了这种教育需求，加入进来协助并推动理念学校的发展。

目前，中国也有理念教育的探索者，我虽然参观此类学校不多，但了解成都的华德福、先锋学校，北京的一土。据说，在云南大理美丽的洱海边上，存在很多"微小"的理念学校，都是由家长自发创办的。

我们田字格兴隆实验小学的教学也属于理念教育，提倡"立足乡土，敬爱自然，回归人本，走向未来"的教育理念。这是一家由公益机构管理的公立学校，已经运营三年多，得到地方政府、当地家长的大力支持，是中国公办民营理念教育的先锋。

理念教育可以让一个国家的教育生态多样化，不同的教育理念及形式，能满足不同学生群体的需求和兴趣,并通过资源选择向家长、学生,甚至教师提供多种可能。

理念教育对公共教育自身发展及多样性也有帮助。学习这些已有的丰富的理念教育对我国教育创新有重要的借鉴价值,对方兴未艾的基础教育课改有多方面的启示,对处于萌芽阶段的中国理念学校的发展有重要的指引作用。

教育只有为教育者提供更多可能才有生机勃勃的发展空间,才能壮大并迎接未来。

我的乡土人本教育观

中国的农村教育存在哪些问题?农村教育应该往哪里去?这是个大问题,也是个大难题。田字格兴隆实验小学的探索与实践,希望能对中国农村教育问题的解决有所贡献。

一、中国农村教育的五大现状

1. 优质教育资源匮乏,本土教育资源未充分挖掘

严格地说,山区的教育资源并不如大家想象中匮乏,一是国家近几年已经投入了大量的资源,二是很多贫困地区如贵州本地的教师资源在数量上还是有保障的,只是这些资源距离"保质"或是"优质"差得还很远。我接触过地方老师,他们拥有丰富管理山村娃的经验,对本地地理、天文、民俗、历史都有丰富的知识和经验,但是玩不转体制教育,他们的优势远没有被挖掘、被激发。

2. 教材统一,散发着城市文明的优越

天南海北的农村学生,使用统一的国家教材,乡村学生学习远离自己生活中的文化及知识,学习长江、黄河、喜马拉雅山,学习爱祖国。学来学去,总是觉得外面的世界很美好,自己的家乡很糟糕。

3. 改变农村孩子命运的路径单一

改变农村孩子命运的路只有一条:高考。而大多数农村孩子的高考都是给城市孩子陪考,尽管他们可能比城市孩子努力百倍,就算是通过了高考这唯一一条路,农村孩子的路也会越来越窄,惊险走过之后能否真的改变人生也是问号。

4.体制性谎言

这是一个很荒谬的现象，媒体报刊甚至课本都变成宣传机器，宣传追求高尚品质，但它们常常变成最大的谎言制造者。我们常常教育孩子要诚实，结果，我发现农村教育体制却充满了纠结和不诚实。虽然近几年农村教育的硬件水平已有大幅度的提升，汇集了不同部门、不同项目、不同政策的资源，学校为了获取这些资源不得不应付各种检查，填写繁多的报表及文件，由于上级在制定这些报表时手续繁杂、要求烦琐，难以实现与完成，于是出现各种假数据，这种现象被我称为"体制性谎言"。学校的老师忙于填报表，忙不过来就应付，有时候就不得不"造数据"，从报纸、文件中大段地摘抄需要的内容。我常常想，这种"体制性谎言"是属于弱势群体的必然选择，这和小孩子撒谎有时候是一个道理。孩子撒谎常常是因为怕被大人斥责及打骂，而这个体制却会培养出很多"撒谎的小孩"。

5.乡村价值体系亟须重新建构

关于乡村道德沙漠化的学术讨论及新闻报道很多，本文不再赘述。我想在伦理价值混乱的大脑中植入拜金符号是非常可怕的事情，而这个可怕的事情正发生在中国农村，发生在有几千万留守儿童和学龄儿童的家乡。

二、乡土人本教育

农村问题多，教育是最核心的问题之一。农村人口流动性大、造成家庭教育功能的丧失，礼俗、乡里文化的衰落造成社会化教育功能的丧失，这让乡村学校的教育担子更重了。今天乡村教育问题的严重性还没有受到足够的重视，田字格7年的乡村办学和贫困助学经验让我坚定地认为，乡村教育的出路在于是否能够创造并拥有专属于农村的教育，属于孩子的教育，这种教育我称之为"乡土人本教育"。

"属于农村的教育"，是让孩子们能够拥有为自己而学的精神。古人有语，"以乡之物教万民"，了解、学习自己家乡的事物之后推及万物万理。"属

于孩子的教育"是说，教育必须从孩子出发，以孩子为中心。这话说起来容易，做起来难。现实中，我们的教育难以完全从孩子的角度出发去思考。

"乡土人本教育"就是针对这些农村现实，专为中国农村小学开发的课程。课程以"生命、自然、乡土、未来"为核心，利用乡村本土资源，从天地万物中汲取营养，从农村学生经验及生活中提取课程元素开发课程，强调尊重生命和自然，强调传承中华及乡土优秀文化，也强调教育的未来性。

1. 乡土人本教育理念

乡土人本教育认为，对乡村子弟而言，学习是对乡土的认知，是对自然的探索，是对生命的感悟，是对未来的向往与创造。

乡土人本教育理念主要围绕以下四个纬度展开：

1）唤醒乡土之情

乡村是中华民族的文化及历史根脉。如果乡村代表落后的文化是一个被抛弃的地方，那么生活在乡土之上的人又谈何自尊与自信？乡土之上有山有水有五谷，乡土之中有亲有情有文化，土地哺育生命万物，家乡是祖辈生长的地方，家乡和土地更是农村孩子舍不去的情。一个不爱自己家乡的人将如何爱祖国？如果每一个农村孩子都厌恶家乡，以家乡的贫穷落后为耻，那么祖国也有一天将被他们抛弃，因为祖国是由一个个家乡组成的。感恩乡土养育之恩，感恩祖先文化滋润之情。教育要不断唤醒孩子生命传承的本性，这样的教育才能让心向未来的农村子弟有根基、有底蕴，懂生活、爱生活，从而自信地走出乡土，从容地走回乡土，谈发展、谈创造、谈生活、谈生命。

五谷蔬菜，节日节气，山川河流，民俗风情，家族祠堂，这些都是极好的教学素材，孩子们可以随处随时学习属于自己的文化。在祖先智慧和文化的浸泡中成长的孩子才会茁壮。

2）敬爱自然

乡村孩子最大的教育资源来自他们的生活场域。如果乡情可以唤醒他们对家乡的爱和对自我的认知，那么自然教育则可以激发他们对生命、对

△建设中的立人堂　2017年9月

△立人堂完工　2017年11月

天地的尊重与敬畏，对宇宙与万物的好奇，对真理的追求。

教育是帮助学生找到自我、认识自我，了解如何与自己相处、与他人相处、与环境相处的过程。相处应该是一个自然、自在、和谐的状态。如此，自然、社会、教育才能永续。

3）回归人本

教育是关于人性的探索、关乎人生态度的培养。在这个维度上，我主张两点。第一，教育需要以儿童为中心。具体到乡村儿童，我们需要从课程到教学，从内容到形式都围绕乡村儿童的特点和需要进行设计。以留守儿童为例，我们可以让他们在学校获得更多的关爱，这些关爱可以通过课程设置及教学设计得以实现，而不是通过形式主义的活动和宣传。一个很好的设想就是通过情景模拟教学让他们在课程上感受到家的温暖；第二，教育要落实到对人性中真善美的培养与追求。我们从校园建设、环境布置到教学活动都要时刻追求真善美。感恩乡土养育之恩，感恩祖先文化滋润之情，唤醒生命传承之本性，让学生牢记：树高千丈，叶落归根；惟以家乡，吾生有祥；里仁为美，祖德流芳；土育万物，乡承文化；血脉相连，挚爱莫忘；感恩乡土，厚福有望。

4）和谐永续，走向未来

教育是培养未来的公民。孩子们不仅要适应未来社会的发展，还要有更广阔的视野和心胸，可以引领未来社会的进步与发展。他们需要具备可以适应未来社会发展需要的品德及能力，这包括必要的生存及发展能力，更包括团结利他，互助共好，多元包容等品德，因为我相信未来的社会是一个更加需要互助与合作的社会，更加多元的社会。

2. 乡土人本教育的五大课程

乡土人本教育注重培养学生的仁爱之心、坚毅及合作的优良品质，培养关怀他人、关心世界及未来的人文情怀，培养学生谦虚礼让的行为方式，给农村孩子打下一个"立足乡土，敬爱自然，回归人本，走向未来"的坚实思想基础。

"乡土人本教育"分为五大课程，其中基础课（语文、数学、英语、计算机、体育、道德与法治）采用国家统编教材授课，轴心课（乡土课、人本课、生命课）则以主题式教学和项目式教学，混龄开展跨学科综合探究。同时，通过贯穿一系列日修课、共同生活课及自主修习课，综合培养学生自信、自主学习及自主管理能力。

此外，还为学生搭建了分享成果、表达感谢的展示平台，定期的大舞台和嘉年华活动，促进学生成果内化、提升公众表达力、树立自信及感恩意识。

我想用更多笔墨介绍一下乡土人本教育的轴心课程乡土课。这个课采用主题式教学。主题式教学强调以学生为中心，从学生经验及体验出发，从学生有兴趣或熟悉的主题切入，展开跨学科的探究及学习。乡土人本教育的主题覆盖自然、生命及乡土三大内容，学生学习、理解、体验生命的感悟、自然的美好及乡土的内涵。轴心课有机整合语文、数学、科学、自然、历史及文化、综合实践等内容。注重培养学生自主学习能力，表达能力，讨论文化、发现问题及解决问题的能力，同时培养学生热爱家乡、热爱自然、热爱生命之情。

乡土人本教育的另一个核心教程是与潜在文化课程相结合的日修课程和共同生活课程。日修课程设有诵读经典的晨诵、晨礼、暮省、古训等，利用学生在校的零碎时间，日积月累，浸润学生的品性习惯；共同生活课则包含公共事务、校园经营、志愿服务等。潜在文化课程则从建设学校的立人堂、读书廊、校园开心农场，甚至教室文化等多方面打造乡土人本氛围，让学生进入学校就感受到浓浓的乡土气，浓浓的书卷气，感受先贤先哲的智慧，感受劳作及自然之美，感受人与人之间的关爱及尊敬。

3. 教学及学习形式

学生是学校及教育的中心，学校是师生相伴成长进步的场所，教室是教学沟通的园地。乡土人本教育强调打开课堂，走进自然和乡村，走向未来和世界。我们强调天地万物为我师，圣贤先哲为我师，乡里文化值得尊重，耕田劳作也是学习。乡土人本教育的教室可能在校园的室内、书礼堂、

读书廊、快乐农场，也可能在茶园，更可能在校外的天地之间和村里乡镇。教师在天地之间、万物之中引领学生探索、学习。教师是学生兴趣、探索力、创造力和想象力的呵护者、激发者和培育者，同时，教师也是与学生共同探索世界、追求美好的好伙伴。

在乡土教育课堂上，老师的角色不仅仅是教授知识的老师，更是编剧、导演、演员和主持人。当编剧的老师需要在设计课堂时考虑到整个课程的跌宕起伏和起承转合，以最大的努力激发和唤起孩子的学习兴趣。作为导演的老师是课堂的组织者，活动的组织者，组织者需要了解每一位学生的特点，发挥其优势，让其在学校的舞台上克服自卑、发挥想象、展现才艺、彰显个性。为了"演"好每一堂课，老师有时需要客串，需要充满激情地参与课堂演出，形成台上台下的呼应及互动。作为一名主持人，老师要在同学讨论中引导、启发、总结归纳学生的想法及观点，及时鼓励学生，引导学生说出、写出、表达出自己的观点及思路。

在特色的晨礼、暮省及劳作课中，老师是榜样，是仁礼的践行者。老师要对学生有关爱之心，表现出彬彬有礼的风范。

乡土人本教育的教学形式是丰富多样的，有角色扮演、游戏、头脑风暴等多种形式。其中我们特别强调的还有：

自主学习。我们倡导培养学生的主动学习、探究、思辨及创造能力，倡导为追求生命价值而学习，反对为分数而学习。因此，学校强调对学生自主学习能力的培养。自主学习是通过一系列系统的引导和训练激发孩子学习的原动力。乡土人本教育不提倡教师满堂灌，提倡激发学生的学习原动力，让动力引导学生学习、探究。这种动力来自学生的兴趣，来自学生对圣贤的仰慕，来自学生对老师的敬仰，也来自学生对自然和乡土的热爱。自主学习的能力需要激发，也需要培养和引导。学生在学校需要学会掌握一些帮助思维及独立思考的工具，如思维导图、三步六分法等，逐渐拥有自主学习的习惯及信心。

小组学习。三人行必有我师。小组学习不仅能培养学生相互学习的习

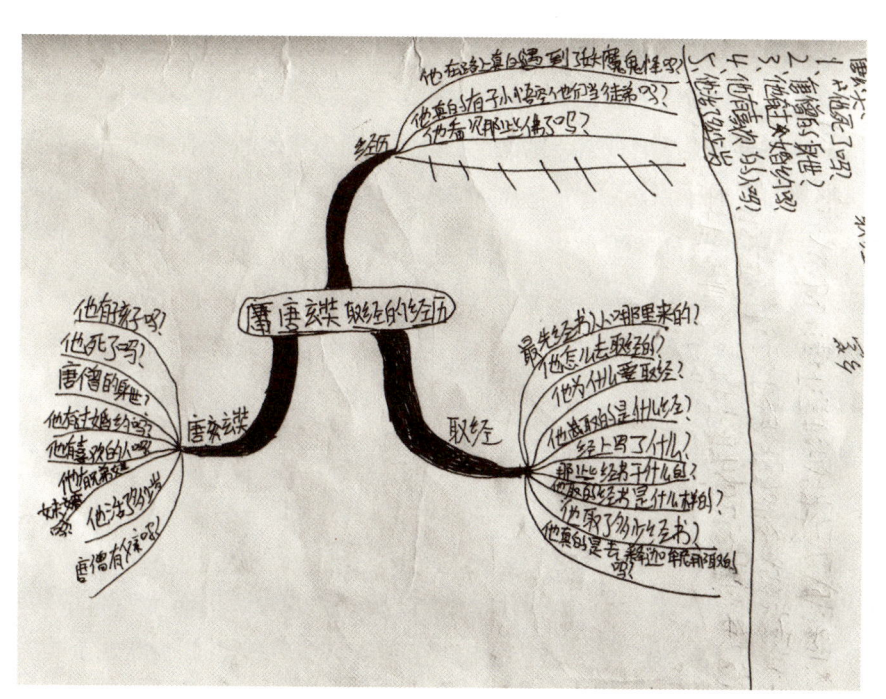

△生命课上,六年级学生吴晋雄创作思维导图

惯，也能培养学生的组织及合作能力。小组学习贯穿整个教学过程，也应用在劳作、兴趣班及社会实践活动中，还组建了固定的混龄学习小组，让学生在实践中懂得大帮小、培养学生相互关爱和集体友谊。

混龄学习。学校大量课程都使用混龄学习模式，在混龄的状态中，学习及互助会自然发生，大帮小，强帮弱，学生会根据与不同年龄伙伴相处的情况，自动调整自己的角色。

项目学习。学会观察、对比、感悟，并化为具体的行动方案。学生通常会得到一个任务单，有时是通过问题引导思考，有时是提出具体的问题请学生给出解决问题的方案。

实践学习。乡土人本教育认为学生的学习经历三个阶段：观察——对比——行动（实践）。任何不是来自学生的经验且不能落实在实践中学习的知识都不是牢固的，不被消化理解的知识都不能伴随学生成长。乡土人本教育强调实践，所有主题课程及特色课程都是在实践中学习、在实践中领悟。

2017年9月11日初稿于兴隆
2019年4月14日修改于兴隆

让乡村教育回归乡土与人本①

临近毕业，六年级一群同学们来找我说："肖校长，我们想申请再留校学习一年。"我问为什么？他们说："因为咱们学校和其他学校太不一样了，我们不想离开。"

孩子的话让我很感动，引发了我的思考，我们的学校有什么"不一样"？

我们是一所乡村实验小学，是一群教育公益人在一个偏远山区的小学和那里的孩子共同探索一种新教育。我们称学校为"大山里的未来学校"。

我从事乡村教育公益工作10年。10年来，我深切感受到我们的教育离乡村孩子越来越远，乡村孩子也离教育越来越远。在此背景下，2017年初，田字格受贵州遵义市正安县县教育局委托开始在格林镇兴隆村建立实验小学，开始进行乡村教育创新探索。

兴隆学校是正安县教育管理下的一所公立乡村小学。目前，学校有82名学生，其中住宿生37人，还有7位慕名从县城转来的学生。75位乡村儿童中有三分之一来自离异家庭，三分之二是留守儿童。

我们在兴隆实践的教育模式叫"乡土人本教育"。它是根据中国乡村特点及中国乡村孩子需求创建的一整套教育，有其独特的理念、课程及教学方法。"乡土人本教育"从乡土、自然、人本及未来四个维度，培养热爱乡土、敬爱自然、回归人本、走向未来的新一代乡村子弟。

为了实践这种"不一样"的教育，我们做了很多努力。我在这里跟大家分享四点：

---

① 2019年6月16日，"第三届life教育创新峰会"在深圳举办，肖诗坚作为田字格兴隆实验小学的校长，受邀在会上发表的主题演讲，该篇为演讲全文（略有增减）。

一、改造环境:让美好发生在美好的地方

在当地政府和社会爱心人士支持下,我们收集村镇遗弃的老房,建成有贵州特色的古建;我们开垦农场,打造开满鲜花的百草园;我们用乡土素材装扮教室,让美好发生在美丽的地方。我们认为,重视孩子家乡的美,不仅可以陶冶他们的情操,还能培养他们对家乡的热爱,培养出孩子们的自信。

二、构建"5+1课程":让乡土人本教育系统化

我们的五大课程有:日修课,基础课,轴心课(特色课程),共同生活课,自主学习课。学生学习五门课程的内容会在每周一次的"兴隆大舞台"课上展示和分享,所以叫5+1课程。

五大课程中的基础课(语数外体等)占了总课时的50%,完全符合国家课程标准,基础课采用国家统一教材,但使用创新的教学形式。基础课所学知识可以在特色课中综合实践和应用,特色课则进一步激发孩子的学习热情和兴趣。

三、打破"围墙",让教育无所不在

我希望学校是一间没有围墙的学校,我们的课会在博物馆上,会在乡公所上,也会请村里老人来上,孩子们也可以在自主教室学习。

我们不仅打破"有形的围墙",更在努力打破"无形的围墙"。首先,学校很多课程采用混龄教学形式,打破了年级围墙。我们学校根据教师能力、学生需求及课程需要设计各种混龄模式,在同一空间进行分层分组的教学,在混龄环境中,学生们互帮互助,相互学习,让学习"自然"发生。

乡土课教学采用主题教学,打破了学科围墙。作为学校轴心课之一的

乡土课，其目的是打破学科界限。乡土课每学期的主题都不同，2018年的主题是：《大山·家·我的改善行动》。学生在学期结束后，根据学习内容，自己梳理课程，编写目录、绘制思维导图，最后形成个性化学习成果。每个孩子每个学期的成果不同。

自主研究课则打破了观念围墙。自主研究课也叫生命课，是一门深受学生喜爱的课程。刚刚上海七宝中学的校长分享了他们的初中生是如何做研究的。那么，农村小学生能写出论文吗？农村小学生可以研究什么？农村小学生如何从哲学、艺术和科学等角度探究生命？

自主研究课不仅打破学科，打破年级，自主研究的形式还打破了传统的教学形式。学生自由选导师，自主选组，自主选课题，自主探究，撰写报告，最后进行全校答辩。

在过去的两个学期，我们五十个学生自主研究了二十八个课题，从死亡到人与人的本质区别到脚臭，都有。这学期三个四年级同学组成的小组通过研究被咬了一口的苹果在不同环境下的发霉情况写了长达12页的论文。

事实证明，乡村孩子不仅可以做研究，而且还能做出令人惊艳的研究成果。

四、文化建设，让教育令人向往

很多人来了兴隆会感动，我想，让他们感动的、让孩子不想离开学校的原因，不单单是这里优美的环境、丰富的课程，还有我们独有的和谐氛围，我管它叫"文化"。

走进兴隆校园，你会感受到校园的美覆盖到了每个角落。每个角落都充满故事：从农场，到百草园，到商店及教室，都可以看到故事，这个故事就是师生共同改造、共造美好的故事，我们叫"共建文化"。

学校的师生是友好的，相互尊重的，从校服设计到教师能否吃零食都可以讨论，这叫"讨论文化"。公共议事课曾经讨论过的一个提案是："老

师违反校规要接受处罚,且去学生会领处罚",这条提案最后以多数票通过了。可见,在兴隆当老师不容易啊。

共建文化,讨论文化,让孩子在参与建设中感受到他们具有可以改变学校,甚至改变家乡的力量。我希望有一天孩子们可以认识到:他们也可以改变世界。

我们和孩子们一起实践的乡土人本教育,让"热爱乡土、敬爱自然、回归人本、走向未来"的理念扎根在泥土中,通过5+1课程输送营养,那些看不见的文化就像空气一样滋养孩子,最后让孩子们开出灿烂的生命之花。

这样,让教育追求本真,让学习不仅为生存,也为了美好的生活和精彩的生命。

现在,我们的团队已经从一个支教团队转型为一个乡村新教育的创客团队。我们的愿景不是仅仅打造一间乡村教育的典范学校,我们将建立人才库,培养培训师和更多的校长。实施种籽计划,培养更多的本土乡土教师;实施星火计划,在全国建立典范学校。最后,让更多乡村的孩子受惠于这种美好的乡村教育。

我以一首诗结束本次演讲:

生命是一片嫩绿的叶子
在深绿的拥抱中出生
让深绿臣服于它

生命是一盏灯
照亮人的路
让人生活美好

生命是一条河

　　刚刚从冰冻中解放

　　　流向远方

这是我们一位六年级学生在生命课后写的诗，我只字未改，并谨以此诗献给教育创新开拓者。谢谢。

2019年6月15日于深圳

第三章

三生万物

生命观

生也有涯,脆弱宝贵;
生命独特,璀璨明亮;
众生平等,无别无疆;
谨守天有,好生之德;
求真离相,心怀天下;
其德馨香,其生宽广。

阿富的童话世界

一走进一年级教室,我就见到阿富桌上赫然贴着"我以后不乱拿别人东西"的字条,24号字体,贴在课桌上很醒目。

同学们告诉我,字条是前任老师贴的,用来提醒阿富不要顺手拿别人的文具。老师也是多次沟通无效才出此下策的。

我走到阿富桌边问:"你知道这纸条上写什么吗?"

阿富低着头,一边理书包一边说:"几道(知道)。"

"写了什么?"

阿富抬起头看着我,皱着眉头,噘着嘴大声说:"我,我没有拿!"

旁边同学开始七嘴八舌:"他拿了……"

阿富的眼睛,很清澈。我随手把纸条撕下来,弯下腰,手搭在他的肩膀上坚定地说:"以后不要拿别人的笔了,知道了吗?"

阿富低头说:"几道了!"

我上下打量阿富,个头小小的,大脑门占了三分之一的脸,大眼睛占了另外三分之一的脸,小嘴和小鼻子则挤在了下面的三分之一。我觉得这娃也就三四岁的样子,会不会是教导处搞错了?这孩子兴许不够六岁半?

我跑到教务老师那里查阿富生日。满心希望教务处老师说:登记有误,这娃不够上学年龄,去学前班吧。但是,教务老师一脸同情地看着我说:他快七岁了。

好吧,想想全班12人,只有两个上过学前班,我觉得阿富也不会捣乱到哪里去,虽然前任老师说他很令人头疼。

但是,阿富确实几乎听不懂我发出的任何指令。他满课堂乱跑,上课大声说话,还经常打其他同学。为啥呢?其他老师很委婉地告诉我:这孩子脑子慢……

阿富清澈的大眼睛告诉我，他不应该是个笨孩子。我决定多花点时间观察他。

阿富在教室乱跑，我就请助理老师拉着他的手站在一边观课：观课时，他只可以看，不可以参加活动。观课的阿富没有表现出委屈，他跟看戏剧表演一样看课堂，该喝彩时喝彩，依然会大声说话。每次观课结束时，我会问他：看懂了吗？上课不经过老师许可，是不可以离开座位的，你看其他同学都这样的。观课效果还不错，只进行了三四天，阿富就明白在上课时不可以离开座位乱跑了。

每次我在全班讲完指令和要求，还需要单独给阿富讲一次，然后观察他的反应。他总是很萌地看着我说："几道了。"当然，更多时候他以为他"几道"了，但是并"不几道"。大部分时间阿富会笑着回答我说，"几道了"或是"不几道"，这让我很没脾气，觉得一切都可以慢慢来。

经常有同学来告阿富的状，说他推了谁或是打了谁。阿富会结结巴巴地解释说：他想说一件什么事，同学不听他的。我观察到阿富说话的声音总是很大，吐字很用力。显然，他在努力吐清楚每一个字的发音。我推测：阿富一定是很希望别人明白他的意思，才如此大声说话的。阿富的大眼睛告诉我他的内心一定很丰富，他希望跟大家分享自己的世界。或许脑子转得比口快，而他越着急越表达不清楚，于是有时候才会用动作"帮助"表达。而他又无轻重意识，才导致总有同学来告状。

接下来发生的事证实了我的猜测，而且给我也上了一课。

我带着孩子们去校外的稻田上"水稻的梦想"课。我喜欢在课堂上让一年级的孩子在似梦似真的世界中寻找自己的感受，因为这个阶段的孩子正处于梦幻与现实不分的时期。我告诉孩子们需要轻轻而有序地走入水稻的地盘，因为水稻在睡觉。孩子们超级理解，他们互相提醒不要大声说话，动作小心翼翼，排着队踮着脚走入了稻田。接下来的一幕很感人，他们开始轻轻和水稻对话：你好，水稻！你为什么不喝水了？你怎么有的地方黄

有的地方绿？你有梦想吗？……我见他们对话的差不多时，就把笔和纸给了他们，说：你们可以画你们看到的、想到的任何任何事，随便画……于是，孩子们开始画了。那时整个稻田安静、自然、美妙。

20分钟过去了，每个同学都出奇地认真，我走到阿富身边，看到了他的画。这是一幅充满想象力的画，令我震惊的是这个孩子三周前还没有握过笔。我说："你画得好棒啊，说给我听听。"阿富说："这是山，这是太阳，这是树。老希，我还知道水稻有梦想。""噢？水稻的梦想是什么？"我问。阿富站起来，放下本子，用手比划着说："就是要变成大水稻和大——大——大的米。"

是的，阿富有一个丰富的童话世界！

我们班最近聘请了五六年级的同学当阅读小老师，小老师们会利用中午时间给学弟学妹们讲故事。这天中午，我一进班就有学生告状：阿富乱讲故事。我问阿富发生什么了，阿富很生气地大声说："我教他们读书，他们不听我的！"

我心说，自己还不认识字呢，还追着要教别人，我忍住笑问阿富："你教他们读什么书？"

阿富拿了本书，说：介（这）这个书。

我一看，这书上字很多，知道他不认识，就哄他说：好吧，你教我读。

阿富开始一边手指着字，一边讲故事，语速一直保持和指速一致。他讲得很认真，语言竟也流畅，我仔细听了一会，再看看书，我完全惊呆了：他在自己编故事！而且，他的故事还很有趣呢！你仔细听！

此刻，我相信，阿富不单单拥有一个丰富的世界，阿富本身就是童话！而我和大多数人，之前并没有耐心听他用口齿不清的语言叙述他的童话。

这以后，只要有时间，我会让阿富教我读书。那是一种享受，因为阿富的世界太奇妙了，他会讲太阳死了，草长大了飞跑了，然后小羊来了，但是小羊渴死了。然后河来了，太阳出来了把河吃掉了……我的大脑必须飞速旋转才能跟上阿富的精彩世界，当我跟不上阿富时，我会提醒自己：

△水稻的梦想　作者：阿富

是我脑子太慢，不是阿富没有讲清楚。

我接手一年级主题课三周了，常常觉得是孩子在教育我。阿富教我学会观察，教我懂得：孩子的世界就是童话，如果我想进入那个丰富的世界我需要懂得俯身、弯腰、倾听。

我们总说要激发孩子的想象力，其实孩子远比我们有想象力，因为孩子就生活在一个充满童话童真的世界里。而大人不仅需要拥有想象力，还要放下偏见，放下身段低下头，才有可能走进那个神奇而梦幻的世界。

撕下那些标签吧，撕下标签才能进入孩子的世界，当你把标签贴上，孩子就会把他通往精彩世界的大门对你锁上。

我很庆幸阿富在我的班上，因为他教我懂得孩子的成长需要时间和等待。

2017年9月28日于兴隆

阿富的诗二首

《家》(一年级)

蝴蝶的家在叶子里
地球的家在空中
我的家在爱里
我的家在闭眼中

《雾》(二年级)

一只雾,一只脚,
两只雾,两只脚,
三只雾,玩游戏,
四只雾,很开心,
五只雾,白茫茫。

和小海一起寻找沙漠中那眼泉

沙漠之所以美丽，是因为你不知道在什么地方藏着一眼泉。

——《小王子》

一

十岁的小海生活在贵州的山区里，这个在兴隆田小上三年级的孩子有一双善良聪明的眼睛，喜欢笑，笑的时候会露出一颗黑黑的蛀门牙。

有一次，小海小声跟我说："老师，我告诉你一个秘密。"

我说："什么秘密？"

他说："我爸爸妈妈离婚了……"

我问："什么时候？"

他说："在我很小的时候……"

小海还是笑着，但是眼睛里有一丝丝的飘忽。

我问："你上次什么时候见过爸爸妈妈？"

他说："我只见过我妈一次，是我很小很小很小的时候……"

我又问："那你见过爸爸吗？"

他："嗯，他这个冬天回来了。"

小海的家离学校步行需要十多分钟。按照政府的规定，学校每天八点才正式开始上课，七点开校门，但是小海每天差不多六点就到学校了，和很多早来的孩子一起在校门外玩，等到七点钟校门打开，他们就会争抢着往校园里冲。

我曾经问小海和其他孩子："你们为什么不晚点来学校？"

小海笑着说:"老师,我天一亮就起床,起来就往学校走。"

我问:"你不多睡一会吗?"

小海:"睡不着了。"

"你晚上几点睡?"

"天黑就睡了啊。"

"你起来不吃早饭吗?"

"老师,我告诉你啊,"小海露着黑色的门牙笑着看着我,做神秘状:"我—不—饿。"说完,他跑开了,又回过头来说:"我奶奶不给我做……"说这话时,小海还是笑着的。

老师们每次家访都会跟爷爷奶奶交代:你们要给孩子做早餐啊,学校的营养午餐要12点才开始,如果孩子上午太饿会上不好课的……但爷爷奶奶都年事已高,自顾不暇,一般也不会早起给孙子做饭,很多孩子就是放养。我们知道差不多有一半的孩子是不吃早餐上学的,所以,一般上午第四节课,学校都不会安排主课,因为那时候孩子们脑子里只充斥着各种关于吃的念头。

昨天,政府又出台一个政策,要求所有学校必须八点半再开始上课,说是为了保障学生的睡眠时间。我清楚,教育部的专家们在制定政策发布文件时,所指的"学生"概念应该是所有学生,但似乎又不然,因为很显然,教育部所说的问题,什么缺觉啊、负担重啊,好像和"小海们"没有太大关系。但是,"小海们"所在的学校——乡村小学还是要服从教育部的这些规定的。

让我们来看看这些数字:2016年我国义务教育阶段在校生1.42亿人,其中城区4756.6万人、镇区5927.01万人、乡村3558.77万人,农村在校生占全国在校生总数的三分之二。分学段看,普通小学有在校生9913.01万人,其中城区3267.18万人、镇区3754.10万人、乡村2891.73万人,农村小学在校生数占全国总数的67.04%。但是数量的庞大并不足以让政策决策者制定政策时把他们当作一个重要而特殊的群体来对待,教育政策依然是城市本位。

二

兴隆大舞台是兴隆小学的一个特色课。双周的周五,各班有一个在全校展示的机会,地点是立人堂,节目由各班自行安排,学校鼓励和课程结合的创新表演,也鼓励个人表演。上周小海班演出的节目是课本剧《铺满金色巴掌的水泥路》。

李老师有创意,也很用心地和孩子们一起编排了小短剧。投影幕上的巨大的法国梧桐树和笔直延伸的林荫大道作为背景,小海和他的同学伴随着音乐有序入场。有学生开始朗诵,有的同学按照对课文的理解开始比划动作,有的做感慨状,有的做浪漫状,一切似乎都符合课文的场景。但是几分钟看下来,小海和同学的表情及表演没有任何可以打动我、可以感动我的地方,为什么呢?

立人堂窗外,云雾缭绕,群山跌宕,山路崎岖,此刻我的耳畔响起我们的校歌:山路弯,云雾长,兴隆学子立山岗。是的,这就是问题:孩子们在学习这篇文章时,没有激情,没有感受,所以也就没有理解,没有感动,因为那些梧桐,那些林荫大道,离他们的生活太遥远了,除了认识几个字,他们甚至不知道学习这篇文章的意义。

《铺满金色巴掌的水泥道》是人教版三上的内容。中国大部分农村学校都使用人教版教材,如果各个学校都按照进度开展课程的话,此阶段,全国——大江南北,从高原到平原,从山区到海滨——所有三年级的小朋友都应该在朗诵着:

"一夜秋风,一夜秋雨。我背着书包去上学时,天开始放晴了。啊!多么明朗的天空。道路两旁的法国梧桐树,掉下了一片片金黄金黄的叶子。这一片片闪着雨珠的叶子,一掉下来,便紧紧地粘在湿漉漉的水泥道上……我走在院墙外的水泥道上,水泥道像铺上了一块彩色地毯……"

张秋生是个好作家,这篇充满都市气息的散文描写得也很好,只是在山区的孩子不能体会和理解这些远离他们经验和生活的事物及感受:梧桐树又是什么？水泥路是什么样子的？为什么一片片叶子掉下来会粘在水泥道上？为什么树叶会变成金黄色？（千万不要想当然哦，小海家乡的树叶不会变成金黄色的哦。）我很怀疑，非都市的孩子有多少能体会作者小红鞋踩地毯的感觉，如果说光脚踩在秋天的稻草上，我想山区的孩子会更有感受吧。但是，很不幸，尽管农村娃不能同感，他们还是要学习这篇文章，因为这是他们的教材，而考试是按照教材进行的，而且，山区孩子还是和城市的孩子同考一张考卷。

小海比大多数农村子弟还要幸运，因为他在一所乡村实验小学里读书，如果上午基础课必须要学习统一教材的话，那么他至少还有下午的"乡土课"。这个课程的目的是带领孩子从身边事物出发、从孩子既有经验和生活出发，进行跨学科的学习探究，孩子们在乡土课里可以学习文学、历史、科学，也可以学习音乐和美术。

这学期小海的乡土课内容是《兴隆二十四节气的探究》。课程开始时，孩子或许并不知道节气的准确定义，但是，他们可以观察到露水的变化，可以感受到季节的变化，也可以看到日月星辰的变化，所有这些都发生在小海的生活中，小海很容易理解，随着课程的深入，小海会越来越理解节气的概念。整个过程中，小海的学习将是自主、自觉和自发的，他需要的只是一个引领者，一个引领他学习探索的人——老师，当然，还有互联网。

美美老师是小海的乡土教师，有一天美美跟我说：我今天很感动哎，在上乡土课时班班通出了问题，我需要点时间调整班班通，结果小海在下面很着急，说：老师，你快点教我们啊，快点，别浪费时间……美美老师说：那个时刻，她在小海的眼里看到了求知的欲望。

教育家杜威说"教学必须从学习者已有的经验出发"，对小海而言，这满目的青山绿水，这夜晚灿烂的星空，这缭绕的云雾，甚至饿着肚子上课的经验都是他可以切身体验的，都可以是教学甚至是教科书的内容。

是的，乡村教育需要自己的教材——一种可以链接孩子生活与生命的

教材，在兴隆田字格小学，我们叫它——《乡土人本教材》。

三

目前，政府加大了对农村教育的投入力度，这真是一桩好事。据我所知，贵州的所有村小都有了美术室，音乐室，科学室和体育室等专科教室，上级也经常派人来检查学校是不是都开展了这些教学科目。

但事实是，专科教室有了，但专科老师却缺乏，想想音体美教师不仅是山区的稀缺资源，就是在县级城市也是稀缺资源啊。所谓资源优化、城乡教育整体化，就是把稀缺的专科教师集中到县镇学校，而村小的孩子是难以享有的。那些高档的器乐器材，放在田小也就是一个摆设。

小海距离高考应该还有大约10年的时间。10年后，中国的高考应该还是中国农村孩子改变命运的唯一出路。但是高考可能会更侧重非课堂非教材带来的内容，考题可能会更灵活，更广泛而多变。那么，这些丰富的内容，又怎么是几个专科教室可以解决的呢？我甚至担心：更灵活的应试招生制度会让我们的乡村孩子面对更不公平的竞争环境，几个空荡荡的专科教室并不能改变乡村孩子的命运。

我们必须给政府为教育均衡做出的努力点赞。但是，我们也应该意识到，当我们谈义务教育均衡时，我们更多的是站在都市的角度去谈。目前政府在义务教育均衡方面的努力是：通过大量的资金投入让农村孩子拥有和城市孩子一样的资源，都市学什么教材农村学生学什么教材，都市开什么课程农村开什么课程，都市怎么考试农村怎么考试，再说简单点就是一个游戏一个规则，而在游戏和规则制定时，完全没有考虑城乡的差异性和乡村的独特性。如果说，城乡的差异性还能引起一定的关注度的话，那么乡村的独特性或是主体性几乎是鲜有关注的。

小海们有自己的世界，小海的世界应该有他们的游戏和规则。

小海曾经跟我说，奶奶不支持他上我们学校开设的农业科学课，因为一笔一划，田字格的文字不只写在大山深处，写在孩子的心里，也写在都市人凌乱的梦里，慢慢清晰、工整起来，或许是他们不甘遗弃的童年。

北京大学教育学院副院长，
田字格乡土人本教育学术顾问 刘云杉

这是一本充满热情又饱含新教育理念的书。在我们这个一切都在剧烈变化的时代，一个人怎么样才能立身？在有些人的眼中，所谓发展就是大山里的人走出大山，乡土里的孩子来到城市，大山和乡土成为一个人要洗掉、摆脱的底色。而这本书告诉我们，真正的教育是栽者培之，倾者覆之，是因其材而笃焉。一个人无论走到多高都脚踏实地，一个有根的人才真正有资格接受丰沛充盈的知识教育，这就是所谓"位育"，是真正优秀的教育。

北京大学社会学系教授 周飞舟

肖诗坚，北京妞，早年间考入北京大学，妥妥一位学霸。后出洋留学，毕业后下海，学而优则商，一不小心成为海外大公司的CEO，在商海混得如鱼得水。人到中年房车俱有，家庭美满富足。古人云，仓廪实而知礼节。忽一日，北京妞开始思考人生哲学命题：有钱了该咋活？她漫步云贵高原后，决定自费并公益在黔之驴的贫困山乡为孩子们办乡土学校。从此，北京妞董事长，摇身一变成为贫困山乡田字格小学的校长。斗转星移，四年过去了，北京妞艰苦奋斗率领一众志愿者披荆斩棘，数座具有当地传统榫卯木质结构的学校建筑在山顶拔地而起。每天除了鸟鸣，便是那校园里传来的朗朗的读书声。子曰："君子有三乐……，得天下英才而教育之，三乐也"。善大莫焉！肖诗坚是北大毕业的，但她不是北大教授钱理群先生说的"精致的利己主义者"。我说，她是一个有理想的北京妞。

中央民族大学教育人类学教授，
田字格乡土人本教育学术顾问 滕星

一个让大山里记不得爸妈模样的孩子有了"家"一般安全感的学校；一位将"万物为师、师从本心"儒、佛机理融化进乡村教师、村民、学生生命觉悟里的校长；一本让骨子里对中国基础教育失去信任的思考者看到希望、获得力量而泪目不止的大书——读《大山里的未来学校》有感。

贵州民族大学教授 孙兆霞

肖老师是我的师姐，她秉承北大社会学系田野调查的传统，多年担任乡村小学校长进行乡村教育研究。基于实践，这本书系统总结了肖老师的乡土人本教育理念和教学方法，给中国乡村教育往何处去提供了很好的启示。虽然中国城镇化建设取得了巨大成就，乡村及乡镇学生仍然是义务教育的主体。乡村教育关乎国家的未来命运，特别是对于留守儿童的教育，需要更多重视。我在大别山区长大，对肖老师的教育实践更多一分感激与尊重。同时，我也像她一样，相信未来中国最好的教育在乡村。

蔚来CEO 李斌

对乡村孩子来说，想接受好的教育，似乎就必须离开家乡，这在一定程度上切断了农村儿童与乡村文化的传承通道，也进一步加剧了乡村文明的凋敝。肖校长的田字格兴隆实验小学致力于"让乡村娃在家乡享有属于他们的好教育"，为教育公平提供了另一种美好的可能。

新东方教育集团董事长，
田字格公益机构理事 俞敏洪

诗坚是我北大同班同学，毕业后留学，后担任跨国公司高管，可谓人生赢家顺风顺水。但她从来有颗不安的心，专职投身公益11年，探索贫困村小的新教育理念。当我在大山里看到她学校学生灿烂自然的笑容和多才多艺的技能展示，我深深被震撼。阅读此书更是为肖校长落下喜悦的泪水。

早晚读书总编辑、当当创始人，
田字格公益机构理事 李国庆

种"田"、识"字"、"格"心。肖老师的乡土人本教育实践，让乡村孩子的心田不再荒芜，一步一个脚印，走出更加丰满的生命之路。

著名媒体人 袁鸣

奶奶觉得这个课学着没有用，将来不考试，再说奶奶也不希望他长大当农民。但是，上周，我们农场播种，农场里的小海可开心了，他好像忘记了奶奶的话，小心地拿起一粒粒种子，告诉老师白菜、萝卜和豌豆的种子有什么区别，然后手脚麻利地挖坑撒种再掩埋，那个时候的小海除了笑得开心还有一份自信心和成就感，而这不就是教育的重要目标之一吗？

那一刻我的脑子里闪出这样的念头：为什么高考不能考农业科学课或者手工课？如果考这些科目，是不是农村孩子就有天然优势？或者，这些科目可以成为农村孩子的自选科目？

农村的专科教室配备了音体美，农村的学校需要学英文，但是农村学校为什么不能开农场？农村孩子为什么不学习养殖、农耕，学习本地的人文历史？为什么这些课不能成为正规的课程甚至高考的项目？如果我们尊重群体的差异，我们为什么要让他们使用一套教材考同样内容？为什么要让大象和猴子同场竞技而不各玩各的？为什么不让猴子比赛爬树，大象比赛拔河？有人以为，开设这些课就会意味着农民的孩子一定当农民，其实，开设这些课程是为了让孩子在学习过程中学会选择，拥有成就感和自信，并成为独特的"人"。我们应该给小海创造他选择当或不当农民的权利，这种选择当然包括教会他若是当农民将会怎样生存与生活。

真正的教育公平不是追求一个游戏一个规则一个天平，而是追求教育多元化的公平，这种多元化当然包括学科的多元化、选择的多元化和考试的多元化。

乡村教育不仅仅需要自己的教材，还需要自己的课堂或课程，更需要多元化的考试，以及多元的选择机制。

四

我可以一直把小海的故事写下去，但是写得越多，我就越会发现，小海的未来并不乐观，这个国家给小海太多的不公平，也给小海太少的机会，

小海的生存机会和教育机会都比城市孩子少得太多。这个教育体系有太多对"小海们"不利的机制和政策,从教育的规划到课程的设置,从教材的编写到教学时间的安排,几乎都不是从"小海们"的利益出发,也没有为"小海们"的未来考虑。

今天我们还在为乡村教育振兴而奋斗。想想,中国人谈乡村教育振兴快百年了,从20世纪二三十年代的陶行知、晏阳初、梁漱溟,到新中国,到改革开放,到城镇化,谈了一拨又一拨的政治运动,经历一次又一次的社会变迁,谈到今天,越谈城乡教育的差距越大。

为什么?

中国的农村教育政策尚没有立法,一个个阶段性政策没有持续性,更没有从乡村教育的主体——学生出发。目前教育部出台的一系列政策:素质教育政策,减负政策都是以城市学生为中心提出的。农村学生何"负"之有?有课上,有学上,有人给你判作业,那就是幸福,没见哪个乡村的孩子回家会有超过一个小时作业的。城市孩子可以素质教育,因为他们有补习班夏令营托底。农村孩子回家做什么?做家务,劳动,看电视,玩耍……

乡村教育需要差异化的乡村教育政策,甚至是法律保护。美国在2001年推出《不让一个孩子掉队》法案,日本在1954年就有《偏僻地区教育振兴法》,这些法案是确保乡村教育振兴的大伞,保障国家的教育政策有持续性和连续性,保证教育政策不被一时利益所驱动。中国也需要《乡村教育振兴法》——一个以乡村学生为主体的法律,就教师、课程、教材进行全面立法,确保乡村教育的振兴,确保乡村学生及教师的利益。

乡村教育的振兴不仅仅需要资金的投入,更需要的是对教育本质的认识。教育的本质是人,是对人的尊重,这需要法律的保障、制度的改变、思维的革新和善良的启蒙,还有责任的担当。

这篇文章在田字格公众号发表的前一天,小海同意我带他到县医院去看牙医了。我希望小海以后开心地笑时，能露出一口白色的牙。

小海生活的世界和我们的世界很不同，我们之所以来到小海的世界，是因为我们希望可以和小海一起寻找沙漠中的那眼泉。

2018年9月24日于兴隆

亲爱的孩子，咱们做个约定[①]

亲爱的六年级毕业生：

你们好！

今天看到你们身穿毕业礼服站在这里，我很激动也很羡慕，因为我从小学到研究生参加过好多次毕业典礼，但都没有机会像你们今天这样穿上这么隆重的礼服，所以，我羡慕你们，同时也恭喜你们！恭喜你们结束了人生一个小小的阶段，开始了人生更广阔更远大的新阶段，恭喜你们有机会在田字格这间学校和一群有爱的师生相互滋润共同成长。

在过去的两年中，我会经常被你们的成长所感动。我拜读过你们每位同学写的自我评语。孩子们，我在你们的评语中，读到了你们对自己诚恳的评价，也读出了你们对老师对学校的感激之情。其实，身为校长老师，我也从你们身上学习了很多。

让我们看看你是如何描写自己的成长的：

小云说："我成长多到自己都想不起来哪里有成长了，反正我就是成长了。"那我提醒一下小云吧：有一次，我外出回来，你见到我高兴地给了我一个大大的拥抱。我想下一次，我也要像你一样热情表达自己的感受。

凤兰说："源泉村同学进我们班吃饭，我可以主动和客人介绍用餐礼仪了。"凤兰，你不仅是一个知书达礼的女孩，而且你还是一个有艺术天分的孩子，你的画越画越好，我很喜欢。

浩然说："我现在可以安静地阅读，认真听讲了。"呵呵，帅哥，你不

---

① 此文为肖诗坚校长2019年7月5日在田字格兴隆实验小学毕业典礼上的致辞。

仅更爱学习了，你也长帅了。但是，我学不了你了，因为我有点老了。不过，你的学习能力更强了，这一点我可以向你学习。

聚晴说："我主动和源泉小学学生说话了。"我说：你的笑比以前多了，也更灿烂了，我也要跟你学习多笑笑，虽然这会让我的皱纹增多，但那又有什么关系呢？

宋威说："我在乡土课懂得了团结和队伍的力量是多么强大。"小威，我要学习你的大局观念和追求公平的态度，我还记得你有一次在公共议事课上大胆提出关于六年级不买校服的提案，很棒。

吴晋雄说："我懂得了乐于助人。"主席，你有点谦虚哎。你是一位优秀的学生会主席，还是六年级的小核心，你的一身正气常常让我想到：内心的高大远比身高更重要。

王正宇说："我收获了友谊，也知道了当老师不易。"王主持人，我要学习你的反应机敏和善解人意，但，你不要太骄傲哦。

梦浪说："我收获了团结的精神。"小伙子，你有一颗善良的心，还有一双勤劳的双手，你一定会拥有一个幸福的人生。

思怡说："时间就像金钱，花了就没有了。"我说：you are a beautiful young lady, I wish you all the best。

陈俊怡说："我开始喜欢学习了。"hi, smart girl, I wish you all the best.

宋庆欢说："我学会了自己制订计划，规划时间，并按计划执行。"小侠女，这太棒了，你知道吗？你具备的这些能力，有些大人还做不到呢。

紫怡说："我越来越喜欢学习了。"这一点，我早就发现了。不仅如此，你的手工也做得越来越好了，这一点我很羡慕，因为我的动手能力比较差。

阅读你们的总结是一件多么令人感动和欣慰的事啊，因为在你们的字里行间我看到了这些词：

热爱学习，自主学习，关爱他人，懂得团队，珍惜友谊，乐于助人，学会倾听，礼貌待人，友善合作等等。

亲爱的同学们老师们，我惊讶地发现，如果把六年级每个毕业生的成

长点汇集在一起，能够完美地呈现出我们希望培养出的兴隆学子的画像。

恭喜孩子们，恭喜老师们，这种成长绝不是巧合，而是师生共同努力的成果和成就。六年级同学在下半学期呈现的状态常常让我惊喜并赞叹：你们不仅抓紧时间刻苦学习，还积极参加学校各种活动，你们不仅互帮互学，还主动帮助学校的学弟学妹，你们是学弟学妹的好榜样。感谢你们在兴隆田小做出的表率，你们不愧兴隆学子的称号。

我顺便公布一下：你们这次毕业考试，取得了全镇第一名的优异成绩，祝贺大家！

亲爱的老师和孩子们，我想说：恭喜并感谢兴隆每一位孩子和每一位老师。很荣幸可以在兴隆遇见你们，让我们彼此有机会一起努力，一起成就一个成长的自己，一个更好的自己。

孩子们，那天你们很认真地跟我说：老师，我们不想离开学校。你们甚至表示可以再重读一年。这真的让我很感动。

但我想我应该也有责任设法实现你们的心愿。

首先，我希望今天不是我们之间的最后一次交流，而是又一次交流的开始。因为，从今天起，你们将走出兴隆小学的大门，迈向一个更广阔的天地，开始更加丰富的人生历程，那时候你一定会有比现在更多的经历、感想甚至困惑，届时，我愿意倾听你们或烦恼或喜悦的故事。欢迎同学们加我微信，和我联系。

其次，我希望让这间充满温暖、倡导平等、参与、自主学习及管理的学校可以继续陪伴你们的成长学习，师生相互滋润。

所以，我决定田字格将从你们这届创立"田青之家"。我们热情邀请本届毕业生积极报名，继续和母校一起快乐成长。

社团将于周末在辅导老师协助下，由你们自主管理甚至自主经营，可以开放手作坊、阅览室，甚至组织农场体验活动，也可以勤工俭学或是组成学习小组。总之，各种机会，各种可能，等待你们参与讨论并决定。

亲爱的孩子，让我们一起约定：母校与你们一起长大。我们继续一起学习如何成长，如何合作，如何自立自强，如何将家乡甚至世界变得更加美好。

生活多么美好，当我们携手共建这份美好时，自己便可成为这美好之中的美好。

亲爱的同学们，结束即是开始。你们的毕业之际，也是田字格与你们的共同开创之际。如校歌所唱：

一笔一划，我们写在田字格上有盼望，

一步一印，我们走在通向未来的路上。

最后，祝同学们健康成长，幸福人生，共有美好未来！

谢谢！

2019年7月5日于兴隆

一生一课

一、教育是关于生命的哲学

如果一种教育不能启发孩子对生命的感悟和思考，不能让孩子最终产生对生命价值的追求，我认为这种教育就不能称之为好教育。因为，认识生命、了解生命、实现生命的价值，这才是教育的根本。

我经常羡慕田字格兴隆实验小学的学生们。我想，如果我的两个儿子还小，我一定会送他们来兴隆上学；如果我还是孩子，我也一定会来兴隆上学。不过，校长必须是我。

在兴隆实验小学推行的乡土人本教育，除了强调教育素材要从乡土及自然中汲取营养外，我们还大量使用一些国际先进的教学方法如混龄、项目式教学及主题情景教学等等。乡土人本的教育形式多样而丰富，但核心只有一个：人和生命。老师们无时无刻不在和孩子谈生命：自然中的生命，社会中的生命，甚至宇宙中的生命。说到底，我在兴隆推行的乡土人本教育，就是关于生命的教育。

虽然，学校的诸多课程如乡土课、人本课，从内容到设计都会涉及生命，但是，我觉得分量远远不够，我们需要专门拿出一些时间和孩子们认真而轻松地探讨生命：

我（们）是谁？

我（们）从哪里来？

我（们）往哪里去？

我的经验告诉我，生命教育这个主题贯穿了人的一生，越早进入课堂，对孩子的成长越有意义。对孩子来说，生命主题一点也不高深。生而为人，孩子们对自身和周围的世界充满了好奇，他们几乎是带着这些问题来学校学习的。遗憾的是，大人们没功夫搭理孩子们这些有趣好奇的话题，因为这些话题和考试无关，老师们、大人们也不认为生命主题对孩子的未来成长有任何价值。

二、自然是生命的道场

在兴隆的两年，我经常可以感受到乡村人对生死持有的一种淡定。

我曾被邀参加过一位学生婆婆的丧礼。去前，我很谨慎，仔细询问地方老师前来哀悼的人要遵守什么规矩、注意什么礼仪、该说些什么表示哀悼的话。我被宽慰道：没什么规矩，去就好了。我一路走，一路在心里准备见到学生家长时要说的哀悼语。距离学生家约一里地时，传来了唢呐小号的吹奏声，我听出来那是《何日君再来》的曲调。我有些诧异，寻声走去，见路边及院子里坐满了人，人们表情轻松并无悲哀之色。远远迎来的学生家长让我确信自己没有走错地方。因为有点儿懵，我事先准备的节哀顺变一类的话也忘了。跟着家长进了院子，院儿里大约有五六十人，有的嗑瓜子闲聊，有的在喝茶，还有一桌一桌的麻将哗哗作响，一些小孩子披着麻片在人群中跑来跑去，四五个吹唱班的人着装随意地吹奏一些流行曲目。后来，几位道士出来做法事，家人很肃穆地站在棺材前，我才确信自己是在参加丧礼。

村里几乎每个月都会有一两位老人离开。寂静的夜晚，如果突然传来爆竹声，那么，我几乎可以断定村里又有老人家离开了。据说，这鞭炮声是在送亡灵上路。一日，我路过学生家，看到学生在竹林中拿着铁锹埋土。我问学生在做什么，她表情很随意地说：在埋鸡，死了。学生说这五个字时，我觉得她就是出来埋垃圾的。那一瞬间，我豁然明白，原来乡村人这种对生死的淡然，就是人类对生命本该持有的态度。曾经的人类是自然之子，他们在春夏秋冬交替中体悟生命，经历生死。他们不仅经历同类的生

死,也目睹万物生息,体验猪马牛羊野兔野猪的生死,谷物庄稼的生死,每一次经验都让他们认识生死不过是生命的一种自然现象,无论悲喜,世界依然会周而复始。

老乡们未必会说出自己的体悟,也未必可以总结出这些道理,但这种自然的修炼确实可以让乡村人坚强地应对人生中的各种无常。因为山里的生存环境要远比都市艰难很多。所以,对生命的这种淡定可能既是自然的恩赐也是人类对自然的回馈。

我想,生命课应该可以谈论生死,甚至讨论生命与死亡背后的哲学。我们完全没有必要回避死亡这一主题,只有正视死亡,才能讨论生命的价值和生活的意义。

三、生命是唯美而神奇的

这是兴隆一个很普通很梦幻的清晨。

几只喜鹊在盛开的山茶树间时飞时落,发出叽叽的叫声,远处则是云雾在青黛相间的山中缭绕,若隐若现可见一些白色与粉色的点缀,那是盛开的梨花和桃花。

云雾中飘出吹吹打打的乐声,一群白衣人缓缓由远至近,他们头上飘起的白色麻片让我知道村里又有人离开了。送殡人的表情肃穆、平静,并无特别的悲哀,他们更像在认真地完成一次盛大的仪式。忽而,一阵风吹过,路边桃树上的花瓣飘落。人群中跑出一个七八岁的女孩,她显然是被空中飞舞的花瓣吸引,开始捕捉花瓣。她的手在空中不断地舞,头上长长的白色麻片也开始飞舞。远处淡淡的雾、专注的女孩、飞舞的白色麻片和空中的花瓣构成了一幅画面,而继续前行依旧吹吹打打的送殡队伍则为这幅画面增添了几分宗教般的神秘色彩。

生命原本就是这么唯美,神秘而又普通寻常。

专门将生命当一门课来讲的小学不多。港台的生命课会更多地谈论情绪及心理管理，我希望孩子在谈论生命时可以无所忌讳，可以从艺术、哲学、科学，甚至从传统甚至宗教等各个角度来谈，因为这四大领域是人类文明史上的基石。

四、苏格拉底之死

2018年秋季，我开始在学校开设生命课，并将此课程与乡土课、人本课并列为学校的核心课程。我希望学生以生命为主题，在艺术、哲学、宗教传统文化，以及科学四大领域中以课题研究的形式展开对生命的思考和探索，当然，研究题目是学生根据自己的兴趣确定。

当我明确了生命课的方向与形式时，我十分激动，因为它太有趣，太富有挑战了。想想吧，一群老师们带着一群村娃，在一个风景如画的乡村一起聊梵高的向日葵，谈庄子的《逍遥游》，让达尔文和耶稣对话，这哪儿是课程啊，这分明是诗和远方，是老师和学生，大人与孩子，人与自然的一场脑力风暴。

当我把这个想法和四位中高年级老师讲出来并邀请他们担任课程导师时，老师们也异常兴奋。我们进行了热烈的讨论：我们要让孩子们在短期内，接触并了解什么是艺术、宗教与传统，让孩子们用生动活泼的方式了解科学和哲学的起源，并了解古往今来人类是如何从这四大领域解释生死的。如何做？我们决定，用一场话剧开启这场生命的探索之旅。

苏格拉底之死（剧本节选）

肖诗坚

第一幕：苏格拉底死于监狱

时间：公元前399年

地点：雅典监狱

人物：苏格拉底、柏拉图、出家人、牛顿

音乐：Gymnopedie No.1

背景：雅典监狱

灯光打开，苏格拉底定格坐在椅子上，他赤足，披着长袍，面色平静

旁白：公元前399年，这原本是一个很平常的年份，但是因为一个人，这个年份载入了史册，这一年，古希腊的大哲学家苏格拉底被法庭处死了。苏格拉底出生于一个平民家庭，先学习雕塑，但后改为学习哲学。他睿智，追求美德，擅于雄辩，他喜欢在雅典的街头和人辩论哲学。因为坚持真理、主持正义，他被雅典的统治者指控以"不敬神"、"腐蚀青年"等罪名并被判处死刑。

苏格拉底（起身）：看我这把年纪，活了很久，离死近了。我想对那些投票处死我的人说的：雅典的人们，你们也许认为，我很难用语言说服你们，赢得你们，其实根本不是。我很难赢得你们，不是因为缺少语言，而是因为缺乏勇气和无耻。我不愿对你们说那些你们最喜欢听的话，我不哀悼，不悲恸。不做也不说别的很多我认为不合我的品行(如我所说的)、而你们习惯从别人那里听到的那些。我认为，我不该因为危险而做自由人不该做的事，而且我现在也不后悔做了这样的申辩，我宁愿选择这样申辩而死，也不选择**那样活着**……

老师们意识到，这将是孩子们看到的人生第一场话剧，我们要竭尽全力让演出成功。

话剧是90分钟课程中的一个环节。我需要先用20分钟跟学生讲解生命课的形式和内容，再以话剧形式带入四大学科领域和对生命的思考。于是，我设计了25分钟的两幕小话剧。故事发生在雅典的监狱里，时间则从古希腊穿越到近代，剧中哲学家苏格拉底、柏拉图、科学家牛顿，佛教大师玄奘及艺术家雅克·达维特穿越时空相遇，他们从不同角度谈论一件事：生与死。

△《苏格拉底之死》剧照　摄于2019年秋

老师们热情投入，尽心准备。乡村的条件虽然简陋，但我们极尽所能将一切发挥到极致：舞台、音美、灯光、道具、服装一样也没有少。开课前一周的每个夜晚，老师们都在紧张排练，对台词、编动作、摆造型，每句台词甚至每个表情都仔细琢磨，反复练习。

演出非常成功。段老师扮演的苏格拉底满怀正义而不失幽默与智慧，引发同学时而思考时而微笑；李老师扮演的柏拉图出神入化，同学们注意到她在将毒酒递给苏格拉底时双手颤抖，泪眼婆娑；当孔老师扮演的牛顿说出那句"那是上帝的呼唤"时，现场所有的同学都被震撼到了；还有张老师扮演的玄奘、田老师扮演的雅克·达维特以及我的旁白都让学生难以忘怀；负责背景、灯光及音乐的赵老师也完美配合。最后，当所有演员集体以"有的人活着，他已经死了；有的人死了，他还活着"的经典台词结束演出并鞠躬谢幕时，所有同学报以长时间的热烈掌声并兴奋地叫起剧中人物的名字：苏格拉底，苏格拉底！牛顿，牛顿！

我想，孩子们未必懂得剧中的每一句话，但是，我相信他们的内心一定会被剧中的某句话，人物的某个表情，及现场的氛围所触动，所感动。

20多分钟的演出结束了，但是课程并没有结束。在话剧的余韵中，我告诉同学们：接下来，剧中的几位演员老师也将是同学们生命课的辅导老师，其中，牛顿是科学辅导老师，我和玄奘是传统思想组辅导老师，苏格拉底是哲学组辅导老师，雅克·达维特则是艺术组辅导老师，孩子们可以自由选择自己的辅导老师及研究领域。然后，我请孩子们当场写下自己关于生命的任何问题，并告诉他们，这些问题很可能成为他们未来两个月的研究课题。

孩子们当场在学习单上选择了自己的研究领域，并写下了想研究的问题。看看这些9到12岁乡村孩子写下的问题吧，充满了孩子们对生命及世界的好奇与对知识的渴望。

我们死后会去哪里？那时地球还存在吗？
人为什么会去世？人为什么不会永远留在童年里？
为什么会有生命？如果世界上没有生命，世界会是什么样子？
生命是如何形成的？生命有多少种类？
生命全都会死吗？
蚊子为什么会咬人？
生命结束会变成什么？
为什么人会死？我们为什么会长大？为什么人会受伤？
宇宙有多少生命？太阳上有没有生命？水里有没有生命？月球上有生命吗？
树为什么不会说话？石头为什么不会动？
太阳是怎么来的？
叶子是怎样的生命？
心为什么会跳？
怎样用音乐表达生命？
怎样通过艺术把生命画出来？
生命是什么时候产生的？生命到底是什么？

△ 学生们的提问

五、生命是一场共同创造

接下来的两个月，导师们带着孩子们进入了生命课程的深度探究。

这是一次全新的课程，老师和学生需要共同学习如何创造并适应全新的角色以及全新的学习方式：学生确定研究课题，然后查找资料，撰写论文，进行答辩，老师则在整个过程中帮助学生梳理思路，协助查找信息，教会学生使用如5W1h，KWL等工具。我很兴奋，因为我觉得这课程本身就很生命，生命的过程中最迷人的地方就是共同创造，就像男人和女人需要合作才能创造新生命，老师必须和孩子合作才能创造出新课程。

为了帮助老师们更好带领孩子们创造出好的研究课题和课程,我为老师们撰写了一份《生命课辅导手册》,帮助老师们更好地调整自己在教学中的角色。同时,在接下来的第二次课程中,同学们也都收到了《生命课自主学习手册》及《生命课自主学习流程》。老师和孩子们开始一起翻转课堂。

我和张凡老师担当传统思想组的导师,辅导12名三到六年级的学生。我不知道是因为学校在过去的一年多已经给予孩子较多的创新熏陶还是孩子天性使然。总之,这种全新的研究型教学形式诞生了,从学习立题目、确定研究方法、查找相关信息,到撰写报告并要进行论文答辩,所有孩子都对这个富有挑战的新课程采取了一种天然接受的态度!我的小组没有一位学生表现出畏难情绪,他们很自然地选题,进行讨论,然后招募自己的合作伙伴。

如何让12位孩子研究自己感兴趣的课题?首先,我和张凡找了大量适合孩子们看的书籍和视频,用了两堂课的时间和孩子们一起学习世界各地传统文化的发展。然后,我们带领学生们进入立题环节。在立题这个环节,我要求每个孩子根据学习的内容再次思考确定自己的研究课题,并用思维导图梳理自己的思路,然后在全组公开讲解选择课题的理由以及后期的研究计划,最后,由学生们投票选出四个最佳课题,被选中的立题人将担任课题组长。传统思想组的12个孩子,通过立题说明会的形式最终确定了几个课题,包括《玄奘取经的经历》,等等。

混龄教学也是本次课程的一个探索点。孩子们在混龄学习过程中表现出的合作和相互帮助的学习态度让我惊讶不已,甚至感动:大帮小,强帮弱,这些都自然地发生在每次的学习中。研究玄奘取经小组的组长是一位六年级的学生,学习能力及组织能力都很强,最初他非常希望独自完成自己的课题研究,但是我说:你最好还是找几个伙伴共同完成这个课题,因为这样会有更多同学参与你的研究。他欣然接受,并在立题说明课上宣讲了自己的课题,两位低年级的学生立刻表示出极大的兴趣,加入了他的小组。在之后的研究过程中,他根据两个低年级学生的情况,分配给他们一些力所能及的工作，如誊写资料等。后来，这个小组在答辩时集体拿奖，两位低年级孩子逢人就感谢自己的组长，说：如果没有我们组长，我们是拿不到奖的。研究《生与死》的小组有两位五年级的女生和一位三年级的女生，两位学姐担当了立题、查找资料及在电脑上撰写的工作，小学妹一直在一边认真地在笔记本上抄写，遇见不认识的字就问，然后注音，最后竟然基本把论文都抄写在笔记本上了。另一个组是两个六年级学生带了一个三年级和一个四年级的学生，中间合作时因为低年级的"不听话"发生了一些龃龉，但是最后答辩时，他们四人还是共同站在讲台上，集体讲解了自己的研究课题。

生命课不是文化基础课，不需要像数学课一样的阶梯式知识积累。相反，不同年龄段的同学对生命的理解各有所悟、各有视角和兴趣点，他们在一起碰撞交流时，成长就不知不觉发生了。这是混龄教育的优势，也是生命及生命课的精彩之处。

经过两个多月的学习研究，三到六年级共计50名学生，在4个领域分组研究了20个课题，其中有10个课题进入了全校公开答辩环节，包括如下课题：

- 唐玄奘取经的经历
- 植物可以在0℃以下生存吗？
- 生命与死亡
- 人生能不能重来？
- 人面对死亡时的感受？
- 生命的诗与歌
- 《死之舞》

很多人看了孩子们的研究课题及论文，会质疑：这些真的是村小的孩子们自己写的论文吗？老师帮助他们到什么程度？

说真的,我自己有时也难以置信:孩子们竟然能写出如此完整的论文!我所辅导的小组研究主题为《世上有鬼吗》,小组由3、4年级学生组成,他们自己还不会在电脑打字,所以是学生写在本子上,由张凡老师协助进行电脑输入。其余三个组,有五六年级学生带领,他们依靠自己撰写论文、自己打字自己排版。老师会给予指导,但是不会动手。

相信孩子,相信生命!

生命课是以公开答辩的形式结束的,答辩会的现场很热烈。作为主持人,我被孩子及老师惊艳到了。孩子们一组组走上舞台,在大银幕上展示自己的论文,并跟全体师生作简要说明;四位导师坐在舞台的右侧。学生陈述后,先是台下同学提问,然后是导师提问。每组陈述及答辩15分钟,整个答辩进行了两个多小时,所有同学和老师一直保持了极大的热情和投入。

台上的同学从容而自信,台下的同学则尖锐而热烈,有时候会听到这样的问题:请问你这个课题和生命有什么关系?请问玄奘取经花了多长时间?而导师的问题则更犀利:你论文的论据是如何支持你的观点的?你的命题是关于植物零度以下是否有生命,可是你的论证过程并没有清晰地呈现,你可否再补充说明一下?

我早已不记得自己本科和研究生的答辩是否有被导师及听众这么拷问过。但是,兴隆孩子答辩时的精彩表现会让我牢记在心,并引以为荣。

六、生命是一首赞歌

生命课是以学生上台朗诵自己创作的诗歌结束的。

在答辩的前一日,我和导师们说:请孩子们利用早上晨诵的时间,自愿用诗歌的形式表达对生命的认识及感受。晨诵课只有二十分钟,下课铃声刚响,导师们手里拿着孩子们的作品就来了。我不知道该如何形容在我读孩子这些诗歌时的感受,有激动,有感动,有欣慰,可谓百感交集,因为这些作品太真切而寓意深长，就像生命本身。因为篇幅有限，我只选了其中几首。

生命

作者：万黔粤　宋浩然　任锡瑞　王正宇
　　　陈胜男　陈　奥　陈林杰

生命是什么？

生命是人类的宝贝，

它无处不在

在山里

在花里

在小鱼里

生命是什么？

生命是一种感觉

你看得到

也摸得到

有些会动

有些不会动

生命是什么？

生命是自然给予

是呼吸和生长

是大家的心

是勇敢和希望

生命是什么？

生命是地球和大自然

是人类和花草的沟通

是人类对太空的探索

是人类的未来

生命

作者：吕滟禧（五年级）

生命是千山万水的女儿

有小溪有鲜花

有蝴蝶有蜜蜂

是人类的奇珍异宝

生命是一颗种子

孕育万物众生

生命是神秘的声音

正一点点靠近人类

生命是宇宙

可以让人的心灵无限放大

生命是什么？

我就是生命

生命赞歌

作者：陈凤兰（六年级）

生命是一个弱不禁风的小女孩

轻轻一撞就会死

生命是一株温室里的含羞草

一碰就关上大门和窗户

生命是一颗新生的青草

顽强不屈

迎接未来

七、一生一课

生命课精彩如生命，我想，教育本该让生命精彩如此。

兴隆田小的生命课依然在继续。经过上学期的训练，这学期孩子们的问题更精准，更有深度，比如，为什么会有时间？为什么大自然也有艺术？苦难是怎么来的？等等。我很期待这学期孩子们更精彩的探索。

我相信，兴隆的孩子们会上好生命这堂课，因为他们已经有所见，有所学，并真正有所思。

那日，当我拿到孩子们的诗歌时，受到他们的感染，我也在键盘上敲下了自己的生命之歌。

今日，我就用它作为本文的结尾。

翻耕陌生而亲切的泥土

笨拙

如山夫

第一次触摸键盘

世界发芽了

嫩如小米

摘一粒

泡在壶中

自然在空中飘逸

世界开花了

如天上的星星

露珠涌入眼中

落入山涧的小溪

我

跨越万水千山

　　用生命的荆棘

　　在山岗上

　　书写着四个汉字

　　教育公平

　　一生一课，一课一生，我后半生生命课的主题就是城乡教育公平。只是不知这课堂不知要用几生才能完成。

2019年3月20日于兴隆一稿
2019年3月23日于上海二稿

好教育，让乡村娃回流

周日下午，烈日炎炎，团队在办公室紧张备课。

忽然，外面传来汽车喇叭声。这在我们这个小村庄的周日还是新鲜事。老师们跑出张望，只见远处五辆车排队驶向学校。车队停在校门口，下来约有二十位大人和孩子。我赶紧迎客，走进一看，原来是上周曾来过学校的三位家长又招呼了一群亲朋再来学校咨询。他们均来自县城，希望可以送孩子回村就读。

我临时为家长们举办了一次现场招生说明会，先是介绍了学校的课程，又回答了家长们关切的问题。

一位家长单刀直入地问：按照你们的方式培养，六年后，从这个学校走出去的孩子是什么样子？

我说：好问题。为了画好兴隆孩子的未来画像，团队从一月开始做田调、家访、进课堂了解学情，学习各种新教育理论和方法，又去台湾拜师学艺。经反复论证，我们坚定初心，坚持"立足乡土，走向未来"的办学理念。现在随着理念及课程的不断发展，我们培养的孩子的画像也越来越清晰：

首先，我们希望未来兴隆田小毕业的学生可以自信而骄傲地说：我是贵州正安兴隆人！了解家乡、接受家乡，甚至为乡村骄傲是孩子的第一需要。抓一把泥土，孩子不仅可以感知土地的生命，还能尽说土壤的学问；摘一颗青菜，孩子不仅可以道出它的科类还能说出它的栽种特点；他不仅可以画出贵州先贤尹珍的访学地图，还应该可以说出"北有孔子，南有尹珍"的理由；他们应该知道兴隆的春分可能比农历的春分晚一至两天，因为这里的海拔略高；他们还应该可以讲述村口土地庙的来历和故事。我们相信，农村的孩子必须把根扎深，才能把梦做大。农村孩子要走向未来，需要先对自己脚下的土地、生长的家乡有深入的了解和认识。唯此，他们方知乡土和自我的价值所在；知价值所在，才有自信；有自信，孩子才能走得更远。

其次，面对自然和宇宙万物，我们的孩子不仅保有好奇还要学会探索，且需持有谦逊的态度。山里的孩子常对山水之美草木之情视若无睹，有人认为这是审美疲劳所致。其实这种现象的发生主要是因缺少对农村孩子兴趣及探索能力的唤醒，还有部分则归咎于长辈对乡土的鄙视及因目前都市文化导向的影响。当老师不断引导孩子对自然及宇宙的探索，当孩子可以与草木对话和花鸟唱歌、与土地为亲时，当孩子在布满繁星的夏日之夜和老师观察萤火虫的出没规律时，当孩子在晨曦中学会感受、欣赏山谷中的云雾时而飘忽不定时而扑面而来的神奇和美妙时，他们怎能不对大自然充满好奇、怎能抵挡大自然的魅力？当孩子和老师一起观察、记录植物发芽、幼苗生长，体会生命的脆弱时，他们怎能不对生命产生悲悯之情？我们相信，当孩子可以感受到生命的脆弱时，他们也会产生对生命价值的思考、对美好生活的追求。而这正是我们希望培养的孩子：对宇宙充满好奇，对自然充满敬畏，对生命和未来充满渴望，最终形成对生命价值的热切追求。

经过六年的培养，我们的孩子应该具有自主学习能力。自主学习能力不单是自学能力，而是一种主动探究、系统学习的能力。为了满足好奇心、为了解决生活及学习中遇到的具体问题、为了探究某种自然现象，我们的孩子可以自主提出研究议题，查找相关资料，制订行动计划，最后付诸实践。他们可能会犯错，可能不一定能够圆满解决问题，但通过无数次在田野、在村庄、在博物馆、在旅行中的实践、尝试及学习，孩子们发现问题、主动学习、解决问题的能力将更加成熟稳固，而这种能力将陪伴孩子一生。

解释到这，家长很现实地问：你们孩子和别人比，考试会怎样？

我说：我相信，经过六年的训练，兴隆的孩子应懂得：考试不过是测试学习和知识的一种方法，考试既不是学习的最终目的更不是生活的最终目的。当然，田字格以"乡土，生命及自然"为核心的主题式教学目前还仅限于小学教育，考虑到孩子初中还要回到体制内，我们做整体教学构架时特别考虑两点：一是六年级设有分科教学及应试学习，语数外科学等国家科目都开足开齐；二是主题教学与国家教材做最大的融和。当然，我们的课程及内容远比普通乡村学校的内容更丰富。我相信，一个具有自主学习及解决问题能力的孩子面对考试时会这样思考：考试不过是人生成长过程中一个小问题而已，我完全可以解决它。

最后，一个妈妈有些焦虑地问：那，我们把孩子交给你们，你们能保证他有一个好未来吗？

我坦率地说：世界上没有任何一所学校可以保证给孩子一个所谓的"好未来"。很多"名校"的高升学率也是建立在严格筛选的低录取率前提下取得的。而且，一个孩子的培养不是单靠学校教育来完成的，而是需要家庭、社区和学校互动完成。作为一所没有入学门槛的村级小学，我们不能保证给所有孩子一个"好未来"，但我们将以我们的教育热诚与爱保证给每一个孩子一个充分激发孩子真善美天性、激发孩子学习原动力的好教育。

一小时过去，家长们纷纷表示支持。有位母亲表示为了孩子，打算从县城搬回村里，还有家长则商量如何每日接送孩子。最后，三个家庭的五位学生的家长为孩子报了名。

次日，我接到一个四川的电话，她寻问：自己在外打工，孩子已转户籍，是否可以回乡就学？我回答说，欢迎回乡，但具体手续还需跟中心小学了解。

放下电话，我想，乡村小校生源流失问题不单是外出打工及城市化造成的，村小不能提供好教育也应该是因素之一。中国农村有很多望子成龙的父母，他们辛苦打工一辈子，只是为了让孩子受到更好的教育，而这种好教育不应该让他们背井离乡才能找到。好教育应该走进乡村，让更多的乡村孩子及家长不为求学而远走他乡。

2017年7月5日于兴隆

一位乡村母亲翻山越岭的托付

一、她毅然将娃从县城学校转到村小

"我没文化,只读了小学三年级……"

每次陈妈妈以这段标准话开场时,黝黑的脸上就会泛起一丝羞涩。那时,我能感受到这位乡村妈妈发自内心的自卑与压力。上学期末,陈妈妈辗转托人要到我的电话,在电话里她强烈表示想把儿子从县城学校转到田字格来读书。

田字格兴隆实验小学是一所公益机构管理的村小,以培养孩子全面发展的教育为目标。学校离县城约9公里,山川秀美,不通公交车。

学校主要服务本村的儿童,近两年吸引了一些县城的家长,他们认同田字格的理念,不辞辛苦,早送晚接,驱车奔波在大山与县城之间。这些家长虽非高官大富,但至少买得起私家车。

电话里,我了解到陈妈妈的四口之家从乡下搬到县城,生活主要靠骑着摩托奔波打零工的木匠爸爸支撑,略有拮据。

我没立刻答应接受孩子,我知道从县城来乡下读书,对很多家庭都有挑战,交通是主要问题之一。

执着的陈妈妈在一个周末的早晨,带着小儿子站在了学校大门口。母子俩被露水打湿的鞋告诉我,他们一定是步行来校的。从县城步行来校,要在崎岖的山路中行走至少一个多小时。

带母子参观学校时,我问妈妈:你为什么不让娃在县城读书,一定要送娃来这里？妈妈操着一口方言，语速很快。说她没有文化，只读过小学三年级，不会管孩子。这娃在学校成绩不好，听说学校老师负责任，不仅教孩子读书，还教孩子自己做事情，还教孩子帮助人。我顺着孩子妈妈的话询问：妈妈觉得娃为啥成绩不好？陈妈妈开始抱怨：学校老师讲得太快，娃听不懂。但我知道，我家娃不是傻子。他就是不太会读书，他不是傻子。

提到"他不是傻子"时，妈妈的音调提高，好像在和人吵架。

此时我仔细打量孩子：有和妈妈一样的黝黑圆圆脸，一双朴实而真挚的大眼睛。

"他不是傻子"，我心里重复着妈妈的话，猜想，这娃在学校一定受了不少委屈。孩子的入学测试结果并不理想。三年级基础知识掌握得不好。沉思良久，我建议娃先进二年级班补习。并且，最好先来试读。我的条件有些"苛刻"。陈妈妈却丝毫没犹豫，抓着我的手立刻就要办手续。

二、翻山越岭，日行18公里，日日陪伴

妈妈第二次带着娃出现在校门口时，已是今年的春天。

疫情让今年的寒假从冬天放到了春天，从春天又放到了夏天。漫长的假期，让散养的乡下孩子，或成为游戏高手或闲得漫山乱跑。全县从一开始就没有疫情，田字格老师决定，学校实行错峰"陪读"，让没人管的孩子有地方读书，有人陪伴。

错峰陪读的第一天，我远远看到孩子妈妈迎着晨光背着竹篓牵着娃向学校走来。她步履坚定，娃一路相随，到达校门口见到我时，母子满心欢喜。

我问：

你们又是爬山上来的吗？母子俩一边喘气一边点头。我看一眼妈妈身上竹篓：这么沉，背的啥？

妈妈有点不好意思：

洋芋炒饭。

放假期间学校不提供午餐，附近学生也只是来校半日。妈妈犹豫了一下，继续说：

老师，能不能让娃在学校待一整天，多耍会儿，我陪他晚点回去。

你不急着回家做活吗？

我没文化，只读了小学三年级。回家也没事儿干。老师你上次说，要多陪伴孩子。学校书多，孩子多，我想在学校陪他多耍一会儿。

我赞叹道：妈妈领悟能力很强啊，我说的话，一次就记住了。

妈妈腼腆地笑了：我没文化，老师说话慢，我能记住。

这以后，妈妈每天带着娃在蜿蜒山路中步行三个多小时，往返在学校和县城之间，全天在校陪娃。娃读书时，妈妈就帮助学校扫扫地，有时会到地里摘折耳根给老师们吃。娃在学校玩耍时，妈妈就在边上看着，一脸幸福。这样的生活她们坚持了三周。

三、翻山越岭，只为这一郑重托付

一个阳光明媚的中午，我和孩子妈妈在风雨廊聊天儿。

妈妈又以经典语句开口：我没文化，只读过小学三年级。但是，校长你说过，要多陪伴孩子。他喜欢走路，我就陪他走路。孩子来这间学校后，喜欢读书了，还会背诗给我听。她用渴望的眼神看着我："校长，孩子来到你们学校喜欢读书了，你收下他吧。"

我已没理由拒绝这个"没文化"的母亲了：收，当然收。我原来怕你们上学走路太辛苦，坚持不下来。现在放心了。我又问：你坚持送孩子来兴隆读书，对孩子有什么期望？

她看着我，想了想，一脸诚恳：比我有文化、做个好人。

△陈妈妈每日帮助打扫学校

陈妈妈说得简单而平静,于我则是石破天惊。我立刻对这位"没文化"的乡村母亲生出敬意,内心则是波澜起伏,久久难以平息。

"让娃成为一个有文化的好人",这是一位乡村母亲朴素、简单而纯粹的愿望。为了实现这个愿望,陈妈妈毅然将娃从县城辗转送到村小读书,每日翻山越岭,日行18公里山路,陪伴左右。我已经不能把陈妈妈的行为简单地归结为母爱了,我更相信她是在以自己的方式和执着追求她心中的教育理想。身为校长,我视陈妈妈的话为一种托付。这位乡村母亲郑重地将孩子的教育托付于我,并用朴实无华的语言告诉我"培养有文化的好人"才是教育的真谛。陈妈妈的话,把我、老师、她和我们的孩子拉到了一起,我知道,"培养有文化的好人"道阻且长,我们需要携手并肩而行。不仅如此,陈妈妈还以她的执着、她的艰辛、她的行动,给予当今社会一个郑重托付:请培养我们的后代成为有文化的好人。

后记

文章写完,我征求陈妈妈的意见是否可以发表,陈妈妈爽快同意发文发照片。介绍陈妈妈来校的另一位学生家长杨妈妈知道后,发来消息,令我感动,我也如实记录:"孩子妈妈改变很大的……每次孩子来我家,我都会问一下孩子在学校开心不,孩子很喜欢老师,他说老师爱他。"

2020年5月1日于上海

成长就是成为自己的主人[①]

尊敬的领导、来宾，亲爱的老师、同学、家长、老乡：

上午好！

我谨代表田字格兴隆实验小学全体师生，感谢你们在这个寒冷的冬日来到大山中的村小，参加我们的嘉年华暨开放日活动，你们的到来让我们感受到冬日的温暖。请兴隆师生以最热烈的掌声欢迎嘉宾们的到来。谢谢。

时间荏苒，本次嘉年华已经是田字格兴隆小学举办的第五期嘉年华活动了。每学期即将结束时，学生们都会以丰富多彩的形式向老师、家长及来宾们汇报展示自己一学期的成长和收获，他们参与活动的策划、组织、实施，在实践活动中锻炼成长，温故知新；老师们也通过活动进一步加深对学生的了解，总结梳理反思课程及教学；学校也通过这个活动向领导、村庄、社会汇报工作。嘉年华已经成为田字格兴隆学校的传统及特色课程。

第一次嘉年华的举办是在2017年12月19日，当时很多同学告诉我说他们很紧张很害怕，甚至还有很多同学不能勇敢地站在舞台上表达自己。而昨天，我询问孩子是什么心情时，他们有的说有一点点紧张，有的说很期待，有的说很激动。我想，这个从紧张到激动到期待的过程，就是孩子们成长的过程。

我们一起回顾，本学期除了基础课语数外的学习之外，你们还做了

---

① 2019年12月14日，对田字格兴隆实验小学来说是个重大的日子，因为这既是兴隆田小孩子们期盼的学期成果展示，是家长们参与年度学校活动的重要机会，也是正安教育局主办、田字格承办的一场隆重的聚合三年间续支持与关注乡村教育创新各界力量的一场富有意义的碰撞与交流。本篇是肖诗坚开场演讲全文。

什么？

你们通过公共议事课，表达自己对学校管理的意见和建议，共同制定规则。这个学期，我们通过了8项决议，内容涉及校园卫生、学生会岗位、课程设置，等等；

你们通过劳动，让学校的百草园面貌一新，让农场长出各种蔬菜；

你们在乡土课、生命课、兴趣课、研学活动中不仅学习知识，还服务社区，创作作品；

在所有学校的大型活动中，你们都是主角，你们参与策划，你们解说，你们主持；

不仅如此，你们还参与到课程及教学中来。你们不仅以投票的形式保住了你们的自主学习课的课时，还会在全校大会上向老师礼貌地提出教学改进意见和建议——虽然这会让老师们有些不好接受甚至有点难堪，不过，我觉得勇敢表达、不畏权威、礼貌诚恳是值得鼓励的好品德。当然，作为校长，我也希望和你们一起探索多种渠道及更友善的表达方式。

回顾这些，同学们是不是也觉得自己就是学校教育的主角呢？

兴隆的同学们已经习惯主人翁的地位了。在我们的学校，课堂内外你们都是主角，而校长能做的事情就是竭尽全力给你们提供一个成长的舞台，老师所做的则是在这个舞台上陪伴、引领并与你们共同成长。同学们，我希望大家记住：生命中，再没有比成长更重要的事情了，而成长并不仅仅是年龄的增长，更是独立的过程、终身学习的过程、承担责任的过程。我相信，没有哪个生命不是为成长而来到世间的，这是生命自身的呼唤。

在我们学校，所有的成长首先可以归为四个字：学会做人。

学会做人，做一个善良，有爱，有责任有担当的人。这是最重要的事情，只有拥有这样美好的品质，你才能成长为一个真正的人。

其次，你们要学会学习。你们带着对世界的好奇来到学校，老师的任务就是帮助你们培养良好的学习习惯，找到更好的学习方法，探索世界，保住你们这份对世界的好奇。

再次，你们要学会做事。做事不是大人为了赚钱才做的事，学会做事是学会解决问题的方法和处理问题的态度。你们在农场、在项目学习中，学习如何组织小组，如何分工，学习如何一起有效地完成任务。

最后，你们要学会共同生活。生活就是一堂堂实践课，你们要在学校学习各种走向生活的技能和能力。生活不仅仅是生活能力，更是生活态度，你们要有一个共好——就是大家好才是真的好的态度，学会与他人友好相处，有服务他人的意识，这样我们自己才能生活得更好。

2019年12月14日于兴隆

后新冠时代，我们需要怎样的教育？

中国的疫情报告依然在每日更新，世界疫情中的确诊数字与死亡数字还在增长，疫情的波及范围已经遍布全球。各种迹象表明：人类已经进入了与病毒共存与疫情长期作战的时代，这个时代有人称它为"后新冠时代"。

后新冠时代的我们，需要改变诸多生活方式：保持社交距离，加强个人卫生，减少聚会和出行，以网课视频替代面对面的交流。

后新冠时代的我们，可能会面临有生以来最大的一次经济萧条：失业，破产，资产缩水会降临到亿万人头上。

后新冠时代的我们，会更多地感受到死亡的威胁。我们每天小心翼翼地，生怕自己哪一天就成为"每日疫情"通报中的一个统计数字。

后新冠时代的我们面临的最大挑战是：人类将何去何从？我们的后代将以怎样的态度、怎样的精神去度过他们的一生？

这不单单是一个教育话题，也是一个生死问题，更是一个有关人类何去何从的问题。

一

灾难降临，人类本能地会选择"利己"行为。灾难让生命受到威胁，让生活遭遇不测，利己自私似乎是最好的自我保护。

灾难中的人往往处于一种未知、不安与焦虑中。本能告诉我们，凭一己之力很难渡过难关，但是，资源总是匮乏，信息总会不透明，我们该选择和谁一起团结起来共渡难关？历史告诉我们，当我们有"敌人"时，我们会更团结。因为有敌人就有目标,人们就能同仇敌忾,让资源分配及信息分享都有据可依。

这次引发灾难的凶手是病毒,人类本应团结一致对抗病毒这个公敌。但是,病毒极具传染性且需人体作为载体。于是,一些人会混淆地将"病毒"与"人"一并视为敌人,将对病毒的仇恨转移到对人的仇恨、对不同族群的仇恨,甚至对不同国家的仇恨。

看看国外,各国封城、封国、撤侨甚至排外。曾经的友好结盟国甚至为了抢口罩呼吸机大打出手,对华人的暴力攻击时有发生。

疫情让一些人变得更加激进,引发暴力。在中国有九江大桥上阻止湖北人返工的暴力事件,以及欧美反华辱华的行为,都是众多歧视的例子。

仇恨像火焰一般蔓延,不比病毒的扩散来得慢。

而仇恨对人类的毁灭也比病毒更凶残。翻一翻离我们并不远的历史:1929年全球经济大萧条几乎被公认为是纳粹种族歧视与犹太灭绝的经济社会诱因。作为纳粹政治领袖的希特勒和他背后的思想家,艺术家精英阶层正是利用了当时全球经济大萧条的社会基础和民众心理,把人类带入了凶残的仇恨时代,发动了史无前例的第二次世界大战,并带来战后旷日持久的冷战。

仇恨的火焰总是被宣传煽风,才能越烧越旺。这种宣传对后代而言也是一种教育,这种"耳濡目染""润物细无声"的教育让我们的后代也深陷仇恨的海洋。

我们这一代人终将老去,有些人带着仇恨和遗憾离开。我希望我们的下一代可以有百样离世的选择,唯独不要步我们"带着仇恨离世"的后尘。

因为仇恨是一种没有方向性的情绪,是一种摧毁世界的力量。

在疫情时代,我们要特别警惕对仇恨的宣扬与培育,因为我们必须清楚,仇恨不能消灭病毒,只能削弱人类自己的力量,最终导致人类被病毒毁灭。

二

我们必须承认：人是自私的动物。不安全以及生存的需求促使人做出本能的选择，这些本能的选择常常是自私的。比如，疫情初期武汉人遭到了一些排斥和歧视，因为本能告诉那些人：武汉人更接近病毒，接近病毒就意味着接近死亡，所以为了自我保护，他们本能地选择了自私。

自私的基因存在于每个生物之中，包括冠状病毒，因为生物必须"自私"才能完成生物繁衍的使命。

但，我们是人类！我们虽有动物的自私面，却有其他动物不具有的文明特征：团结互助，舍己为人。

20世纪初美国人类学家玛格丽特·米德说：一个愈合的股骨标志人类的文明。因为：在古老的年代，如果有人断了股骨，就无法生存，会被四处游荡的野兽吃掉。这些断了股骨的人，只能受别人的帮助，因为他们不能打猎、捕鱼或逃避野兽的伤害。因此，一个被发现的最早的愈合的股骨，表明有人将受伤的人带到了安全的地方，并且花了很长时间跟他待在一起，照顾他，等他慢慢康复。所以，文明最初的标志应该是人们开始帮助别人，不是放弃那些需要帮助的人。

这种人类互助合作的行为，被《自私的基因》的作者称为"利他主义"。他说，"区别于其他生物的原因是，我们可以用利他主义战胜自私的基因……人类更具有利他动机，我们具备足够的力量去抗拒我们那些与生俱来的自私基因……我们甚至可以讨论如何审慎地培植纯粹的、无私的利他主义……在这个世界上，只有我们，我们人类，能够反抗自私的复制基因。"

我们需要了解，很多利他行为是通过"利他"而"利己"的。

今天早上的新闻是，刚刚走出ICU的英国首相宣布：向世界卫生组织等机构捐助2亿英镑，以帮助贫困国家抑制新冠病毒传播。这无异是一种利他又利己的行为。

——那些在武汉疫情中捐款捐物的行动是一种利他行为；

——那些逆行去武汉救援的医护人员的行动是一种利他行为；

——那700名常青藤学生自发组织起来为纽约老人义务采购物品的行动是一种利他行为。

这些行为不仅帮助了在疫情中遭受苦难的人，也能帮助抑制甚至阻止疫情大规模的扩散。而有效阻止疫情扩散，也能减少我们每个个体免受病毒攻击，达到"利己"目的。

被理查德·道金斯称为"纯粹的利他主义"的行为，有时被我们称为高尚的行为。那是一种以牺牲自己的利益及生命为代价不求回报的利他主义，这种高尚的行为值得人类永远歌颂传唱。疫情中那位骑着电瓶车穿梭在武汉药店，义务为市民买药送药一个月的实习老师，就是纯粹的利他主义。

……

人类需要利他主义行为，不仅是为了战胜病情，更是为了彰显人性的光辉。当然，我也坚信，人类必将战胜病毒，因为病毒只有自私的基因，而人类这种拥有智慧的动物则不然。

三

后新冠时代给予我们最大的启示应该是：我们应该把"利他教育"纳入我们的教育体系，让我们的后代懂得"利他"是人类的一种责任和文明传承。

这种教育应该从我们的行动开始，从娃娃抓起：

后新冠时代中的每一个普通人都可以从"利他利己"的小事起步。当下，花点时间帮助他人。比如帮助行动不便的老人采购以减少他们出门感染的机会，更多支持社区周边即将倒闭的小铺，分享各种抗击疫情的经验和有价值的信息，传递有科学依据及可查证的消息以减少疫情中不必要的焦虑，等等。坚持利他行为，即使人类与病毒长期依存，我们也不惧怕。

后新冠时代中的国家应该更加开放地对待民间及公益团体。国家应该给予"利他"更肥沃的土壤，甚至为"利他"行为创造一种制度化保障，让利他主义在社会蔚然成风。比如，企业可以获得更广泛的慈善退税，中学、大学应该设有"公益"等必修课，等等。长此以往，坚持不懈，我想社会大和谐指日可待。

后新冠时代各国政治家们都应该摒弃政治立场、打破国界、超越主义及政体之争，视病毒为人类共同的敌人，通力合作，展开科技与信息技术的全面共享与交流。如此，病毒一定会很快被人类击败。

利他教育应该走入校园，成为孩子成长的一部分。一年一次学雷锋是不够的，要将"利他教育"融入校园学习及生活。学校应该更少地设立竞争机制，更多地设置合作机制：取消学生干部制度代之以学生自治委员会，取消考试竞争制度代之以项目合作，因为孩子在合作中可以学习利他精神。

如果我们的后代人人身上都闪烁着熠熠的人性之光，那么任何灾难都能被战胜。

我懂得，
时代的灰尘，落在每一个人头上都是座山，
我相信，
利他主义可以减少时代的灰尘，
我笃定，
互助合作可以帮助人类翻越一座座高山。
治愈当今世界的最佳良药是利他主义，而不是仇恨。

2020年4月13日于兴隆

疫情体验馆里的真感、真情、真言

一

急促的铃响、全副武装的"医生"、焦急等待做核酸检测的"病人"、病愈时"医生""病人"间感人的隔空拥抱……这一切不是发生在疫情"震中"的武汉,而是发生在离武汉千里之外的贵州大山里的田字格兴隆实验小学,在我们新打造的"新冠疫情体验馆"里。

懵懵懂懂的山里娃,并不理解疫情中大人的恐惧、焦虑和担忧。病毒和疫情似乎离山区很遥远,贵州在中国疫情地图中一直是"安全省",偏僻的正安县更不曾发生过一例病例或疑似病例。疫情中,孩子们只是简单而机械地重复大人说的话"戴口罩,勤洗手,不聚团","向逆行者致敬",却并不解其中意义。

为了让孩子体验疫情了解病毒,兴隆老师从疫情中挖掘教育素材,师生自己动手,因地制宜,就地取材打造了一间集患者、"发热门诊"、"方舱医院"为一体的"新冠疫情体验馆"。

在这个模拟世界,体验者置身模拟情景之中,根据角色要求及流程需要完成体验。整个过程,学生体验着"医生"救死扶伤的艰难与劳累,"病人"生命垂危时的恐慌与无助,以及"战胜病魔"后的欢喜与感动,从中体会"医生"与"患者"、自己与他人、自己与世界的关系。

小小体验馆不仅打开了兴隆孩子的学习世界,也在正安县城引起了小轰动,吸引了县城其他学校的很多学生。

我发现,有些学校的孩子体验用时往往比兴隆学生要长。问主持侯老师原因,她说因为这些学生初次接触体验教学,不知如何应对,他们总在

△ 学生在"疫情体验馆"模拟体验

等老师发布指令,好像总怕做错了。

这些学生也坦言:"没有书,没有教材,不太习惯。"

每场体验都以"分享感受"环节结束。兴隆的孩子们会直抒真实感受:"我觉得很累","医生很辛苦","我觉得穿这个衣服太热了",等等,但有些学校的孩子则会颇多顾虑,甚至会胆怯,有时话不成句。

我还发现,凡是有家长陪伴,有家长在场,他们的孩子的表达会更不自如。一些孩子在回答采访时,本能地看向家长的表情及反应,那种眼神似乎在寻找"正确答案"。当家长对他们的回答表示不满意时,孩子就越发慌乱,当家长急于让孩子表达并非他们体会到的、华丽的词句、"崇高的情感"时,孩子会磕巴,甚至失语。

有一次,一位当老师的家长热情参与孩子分享,但她总认为孩子回答不到"点"上,她甚至把孩子拉出去单独辅导,希望孩子说出"因为医生很伟大,所以我长大以后也要当医生"的话,让孩子反复背,背不好就抄写再背。孩子每次回到分享组就紧张,一说就"出错",最后哭着跑了。

二

所谓体验教育就是让儿童用身心去实践,通过经历而感受,产生经验,进而在大脑中建立与既往经验的连接,继而整合逐渐构建认知。体验会激发孩子的好奇心,探索欲,让儿童较快进入学习状态。体验是儿童学习的开始。

为什么一些孩子在体验馆里不适应?

这与体验学习的特性有关。体验馆里的活动设计尽量真实模拟环境,孩子在体验中没有标准答案,没有对错,没有硬性的知识点学习,孩子通过体验角色参与过程,在过程中寻找探索自己的真实感受,发现事物与事物间,人与事物间,人与人之间的关联,看到多种可能。我想,恰恰是这一点,对接受传统应试教育的孩子们是一种挑战。应试教育让孩子们习惯

于找标准答案,当孩子脱离了书本、课堂及标准答案时,他们就不会应对,不知所措。

分享时,为什么兴隆孩子会更加自如自信?

因为大多数兴隆孩子处于自然状态,是在做"真实表达",而县城的孩子希望做"正确表达"。对儿童而言,自然"真实表达"应该比"正确表达"要容易,所以兴隆的孩子轻而易举地表达了自己的真实感受,而从县城来的孩子聪明伶俐私下交流自如,但是在"正式场合"却希望"正确表达"。什么是"正确"呢?孩子们受的教育是:老师说的,家长说的,电视上说的,还有书本上说的,都是正确的,唯独自己感受或自己内心要说的不是被鼓励的,继而孩子把握不准是否"正确"。想"正确表达"的孩子有压力,怕犯错,结果,越怕越说不好。

大人希望孩子表达的话往往不是"政治正确"就是"道德正确"。殊不知,小小年纪的孩子们首先要真实体验,进而真实表达,最后经过学习感悟才会有进一步的情感升华。那个小孩因为意识到自己的认知达不到家长的"政治正确"及"道德正确"要求,最后哭着放弃了表达。

体验教育的顺利开展需要孩子有一个"安全环境"。这个安全环境既有物理环境也有心理环境。心理安全的建立需要大人尽量少打搅孩子的体验过程,接纳孩子的任何表达都"只有真实没有对错",建立孩子的多元价值及多维视角,并且允许犯错。如此,学生体验之后,才能放心梳理、感受、回忆,完成从具体到抽象的过程形成概念,如"什么是核酸检测","什么是"医护人员的职责"以及"为什么生命是脆弱的",等等。

孩子如何从体验迈入"三观"学习?

我反对"三观"教育灌输。我们常说"不听老人言吃亏在眼前",这话说了千百年了,老人啰嗦了一代又一代,孩子"吃亏"了一代又一代,因为,孩子很多观念的形成不是靠"老人言"灌输形成的,是靠经历之后体悟,最后内化及升华而成的。因为,缺乏自身感受与联结,灌输的东西孩子早晚会还给你,孩子内心长出来的东西才会陪伴他终生。

三

我想起三年前刚到兴隆当校长,兴隆的孩子也不会真实表达。

我曾邀请上海一位优秀语文教师李老师远程帮助兴隆六年级学生补习作文。补习两次之后,李老师告诉我一个故事:第一堂课她让学生写命题作文《我的××》。交上来一看,大多数孩子写了《我的妈妈》,而且故事都差不多:我生病了,妈妈带我去医院,喂我吃药,我很感动,妈妈真伟大。身为母亲的李老师跟孩子们说:一,你生病你妈妈带你看病吃药,这是一位母亲应该做的,我看不出来哪里伟大。如果你们觉得母亲伟大,至少要把伟大之处描写一下。二,我希望你们以后写你们的真情的故事真实感情,不要只抄写范文。孩子一听,一下子就不会写了。因为,《我的妈妈》是有写作范文的,孩子背了范文,照猫画虎,多少还能写。但是,李老师打破了他们的"写作范式",让孩子写出自己的真情实感,孩子过去六年在学校没有学过如何表达真实情感啊,所以,竟然一时忘言,懵了!第二次作文都没交上来。

教育,没有教会孩子真实表达,是件多么令人悲哀的事。

通过三年体验教育与自由表达的训练,兴隆的孩子们已经更懂得寻找、感受并表达自己的真实情感。但今天,还有很多孩子,依然还在学"范文",说"官话"。

我们的教育不能硬生生地把后代一颗颗天真浪漫、充满诗意及创意的心灵,用范文、用灌输、用"听话"、用"正确"给活活泯灭了。我们不能仅仅教育孩子在家听父母的话,在学校听老师的话,工作了听领导的话,入党了听党的话,就是偏偏不鼓励他们扪心听听自己内心的话。听话的孩子往往不知道自己是谁,如果没有范本、没有教材、没有语录、没有父母、没有领导,他们就不知所措,不知所云。殊不知,知识、真理都产生在实践中而不是产生在本本中。

很多时候

孩子缺少体验的机会

更缺少真实表达的机会

好不容易有表达的机会了

他们却只能

表达大人喜欢听的内容

久而久之，这样的孩子只会照本宣科，不会独立思考。

糟糕的是

孩子参照的那些"本本"里

有很多大人的言不由衷

不知不觉，我们的后代学会了口是心非。

更糟糕的是

这些孩子可能顺利通过各种"考试"长大

最终成为"国家的栋梁"。

  体验教育让孩子面对真实，寻找自己真实感受，接受多元视角及多元价值，表达真实感受，这是对传统教育的挑战，却是对未来教育的呼唤。

2020年5月13日于兴隆

第四章

万物为师

学习观

探索自然，格物致知；
万物为师，择善而习；
自主学习，自觉琢磨；
不拘文字，学以致用；
身盈思敏，全人为尚；
厚积薄发，日见其光。

走出校门，首次研学

背景：本学期的乡土主题课为《大山梦工场》。其中的一个小主题叫"千人千梦"，孩子们要进村采访"兴隆能人"。兴隆的能人可多了，有蔬菜大王、村长、手艺人、养猪专业户等，孩子们事先准备了很多问题，询问这些能人有过怎样的经历、怎样的梦想。

这是学生们首次因研学走出学校，孩子们开始有点激动。后来听说只是在村里采访又有点失落。昨天，放学后，团队开了四个小时的会议，明确了研学的目的，细化了活动流程，杨海伦老师做了三页纸的详细预案。

今天，我给同学们做了"脚踏泥土，胸怀梦想——为了走得更远"的研学活动动员会，动员会包括四个方面：

1. 为什么要做研学活动；
2. 谁可以参加研学活动；
3. 研学活动计划安排；
4. 自由问答。

动员会议结束时，我问同学们：你们对活动是期待还是紧张？同学们大声说：期待！

我则是又紧张又期待。

傍晚，杨老师对教师团队进行了培训。按照计划，明天老师分四队踩点，画地图，后天再进行老师二次培训。下周一带学生队长踩点培训，下周二学生开始在校训练，团建，演练。

紧张，期待……

以下为动员会讲话记录：

"同学们，最近你们在学习'梦想'，学习采访，学习尹珍，大家的学习积极性都很高。截止到今天，你们的学习活动范围都在校园内。但是，你们应该知道，走出校门，走进社会和生活，那里是一个更大的课堂。在社会这个大课堂，你们会发现更多有趣的人和事，也会面对更多的困难。你们应该知道，你们的人生不只有学习、读书和考试，你们要成长，走入社会，你们会遇到各种困难。作为一个农村孩子，我想，你们需要比城市孩子拥有更加坚强的品质。我希望，未来当你遇到困难时，不抱怨，也不喊老师和爸爸妈妈，而是以积极的心态面对困难，用坚强的意志战胜困难。这是我们办研学活动的目的之一。

　　未来，合作是一种基本生存能力。你们需要记住，一个人的力量是渺小的，集体的力量是强大的，一个人走路会很辛苦，有团队陪伴才会走得更远。这次研学活动，三到六年级将分小团队在规定路线下完成采访任务，目的就是要培养你们的团队精神和合作能力。

　　同学们要学会帮助他人。你的点滴成长都是在很多人的帮助下取得的，所以在可能的情况下，你也要帮助他人。这个世界上，总有人比你弱小，需要得到你的帮助。这次研学安排3—6年级混龄小队的目的就是希望学姐学长在一起研学时可以帮助年龄小的学弟学妹。

　　这次，咱们的研学地点是你们熟悉的家乡。但我相信你们会觉得这次研学活动的走家乡与你平日里走家乡的意义不同，因为这一次你是带着学习任务和团队一起走家乡。我希望，你在活动中收获对家乡新的发现和认识。

　　请同学们记住这次活动的关键词：家乡、团队、合作、帮助。

　　世界很大，老师希望和你们一起看得更多，学得更多，走得更远！"

2017年9月9日于兴隆

以母亲的身份，和老乡们聊聊子女教育

亲爱的家长、老乡们：

很高兴在学期结束之前，能有机会和各位家长一起聊聊咱们的孩子，咱们的教育。

我今天站在这里，与其说我是以兴隆实验小学的校长身份和大家聊我们的孩子，不如说我是以一位母亲的身份和大家聊子女教育。

我读过很好的大学，有过令人羡慕的生活和工作，甚至有一定的社会声望，但我从不认为自己有多么成功。说起当母亲，我却自认为还是很有心得和经验的。甚至可以很骄傲地说：我算得上是一位"成功"的母亲。

我有两个儿子，大的叫悠悠，今年22岁，小的叫U2，悠二的意思，今年16岁。他们两个都来过兴隆，帮助我们刷过教室，教过我们的孩子。他俩虽性格各异，但都具有一致的品性：心地善良，热爱学习，热爱读书，热爱生活，独立思考。他们关心家人，孝敬父母，有独立生活的能力。他们喜欢思考，我们一家人常常一起谈论国内国际时事、政治、文学，我们也毫不忌讳地谈论爱情，生命和死亡。我相信他们未来可以幸福快乐，他们的一生应该是有意义的一生，因为他们深受我的影响，对社会及世界充满关心和关爱。七八年了，他们坚持参加田字格的活动，帮助山区的孩子，走访，支教，他们认为参与田字格公益不为别的，只是帮助孩子，帮助妈妈。

我为自己的儿子感到骄傲，就如同他们也为自己的母亲感到骄傲一样。我为他们骄傲是因为，他们比同龄人更成熟，更懂得思考，且明辨是非、有爱心。我儿子说：我妈妈是世界上最伟大的女人。虽然，我们远隔千里，互相思念，但他们不仅理解妈妈的事业而且用行动支持妈妈，我为他们骄傲，我也感到自豪，因为儿子们为我骄傲。

今天我来到兴隆，我希望能像爱我自己孩子一样爱这里的每一个孩子，我希望能像培养自己的孩子一样培养你们的孩子，因为每一个孩子都是这个国家的孩子。我很荣幸、很感激，也很珍惜大家给我的机会：让我有机会培养更多有优秀品质且又能在现在社会中幸福地生存，有意义地生活的下一代。

我的儿子能够成长到今天，很大一部分来自我们的家庭教育。多年来，家里坚持几点：一是提倡阅读。从他们小时候开始，我们一家人外出旅行，必须人手一本书，我们一家人也常常一起读书；所以，来到兴隆，我做的第一件事就是建立这所图书馆，目前这里有七八千册书，应该足够我们兴隆的孩子阅读。

我们家还有一个习惯，就是让孩子热爱劳动。我们一家人通常一起做饭，一起打扫卫生。我大儿子热爱美食，在过去的五年里，他给我做饭的次数，远远多于我给他做饭的次数。我在兴隆建农场、茶园，是希望我们的孩子热爱劳动，更希望他们能在劳动中实践学习。因为勤劳是一种优秀的品质，这种品质无论在现在还是未来都是立足之本。同时，我也希望他们在劳动中不忘本，因为他们都是农民的子弟，我相信你们也不希望未来儿女虽然读书有成，但是会看不起劳动、看不起他们的劳动父母和他们的农村家乡。

学校的三大古建：立人堂、读书廊及古建校门，凝聚了太多社会资源及爱心，为了建设这所学校，我几乎累垮自己。但是，我很欣慰。因为，这三座建筑传承、呈现了中国传统文化的精彩。每一次我和孩子们在这里开会讲话时，我都可以在这里感知先人的智慧，感受到作为一个兴隆学子的骄傲。我希望兴隆的孩子能够为自己的家乡骄傲，能够为自己的祖先骄傲，这样，他们才能热爱自己的家乡，他们才能在未来自信地闯荡世界。

老乡们，在这座充满文化气息的殿堂里，你们一定、也应该可以感受到这浓浓的文化气息和书香氛围，你们应该为自己的孩子能在这里读书感到幸运。今天田字格给兴隆孩子提供的教育，甚至好过我儿子们受的教育。

如果，我的儿子们还小，我会坚定地让他们来兴隆读书。

我听说，有些老乡担心我们学校没有语文考试了，孩子们的学习会不会荒废。这里我想告诉你们，学习不单单是考试。各位家长看到的厚厚的教材是本学期的主要学习资料，这是孩子们自己编辑的，这种编辑要求学生必须对内容有深刻理解，理解之后归纳，还要增加自己的创作。事实上，全校63本教材，本本不同，每本都有孩子们自己的创作及思考。别的村小孩子在背书，我们的孩子在编书，这种能力的训练，一定会让孩子受益终生。我可以负责任地告诉家长们：乡土人本教育不仅不会耽误孩子，还会为你们的孩子打开一扇大门，一扇可以幸福学习和健康成长的心灵大门。因为，我们的孩子可以在学校开心快乐地学习，不仅学知识，还学文化，学做人。

我们在兴隆推行的乡土人本教育是为未来培养孩子，而未来的变化太快太大。各位父老乡亲，现在外面的世界已经发生了翻天覆地的变化：上海今天出门已经不带钱包了，人工智能已经可以下围棋、象棋战胜世界冠军了，我可以在正安或上海控制我家里煮饭的时间和空调温度，这些都是现在正在发生的事儿，五年十年之后，世界的变化会更大。那么世界需要什么样的人？

首先，不是死背书死读书的人。因为你背书背不过维基、百度，现在所有的知识都能在网络上查到，世界需要会学习、爱学习的人，会学习爱学习的人才能知道如何在网络及书籍上找到自己需要的知识。

其次，世界需要可以合作和沟通的人。因为现在很多事情，不是一个人可以完成的，必须大家合作才能完成，你们可以一个人种地，但是要想大面积种黄花菜，你们就要找人合作才行。

未来还需要会独立思考，有创新能力的人。因为今天世界的变化之快往往让我们措手不及，让我们从过去的经验中找不到直接答案，这就要求我们的下一代比我们更有分析能力、思考能力和创新意识。

自主学习，懂得沟通合作，能独立思考，心向善，有担当，这就是我们要培养的孩子。这也是未来需要的孩子。

亲爱的家长们，兴隆实验小学就是要培养你们的孩子：热爱乡土，走向未来。热爱乡土就是热爱你们，热爱你们的家乡。走向未来就是可以在未来的世界有生存能力，我们希望他们能幸福地生活。

最后，我想说，我和我的团队会像爱自己的孩子一样爱你们的孩子，我们会好好培养他们，我相信我们的教育，更相信我们的孩子，我相信，如果家长可以支持我们、配合我们，乡土人本教育可以让每一个孩子闪烁出他独特而灿烂的光芒。

2018年1月6日于兴隆

国旗下的讲话

2017年秋,我刚任兴隆校长,参加第一次升国旗活动。活动中有一个国旗下讲话的环节,由学生发表演讲。我提前来到升旗地点,看到有个学生手里拿着演讲稿,我问可否把稿子给我看看,同学将稿子递给我。我一看开头是这样写的:

"尊敬的同学们、老师们,大家好!今天我演讲的题目是:辛勤的园丁。亲爱的老师,您是我们的园丁,您的辛勤劳动哺育我们茁壮成长……您是人类灵魂的工程师,育人育魂育未来……"

好熟悉的语言和风格啊。记得我小时候也写过类似后来被我称为"官话""套话"的发言稿。那时,我有个小本子专门用来摘抄一些套话,如"东风吹,战鼓擂,革命形势一片好""大江南北,长城内外,祖国大地春烂漫""那时,我忽然想起了毛主席的教导……"我问孩子:"这是你自己写的吗?你明白文章的意思吗?"她看着我,先是茫然,然后又有点不好意思地笑。我拍拍孩子肩膀,把稿子收了说:"孩子,你随便写些你想写的话,不用这个抄来的稿子,可以吗?"学生说:"老师,来不及了。"我说:"一会儿你站上去,随便说点什么都可以。但是,老师有一个要求,说你想说的话,真话,可以吗?"孩子点头说好。

升旗仪式开始了,升国旗后,轮到学生讲话的环节。女孩上台有点紧张:"今天是教师节……"说了第一句就卡住了,她在台上紧张地望着我,那目光在问:我该说什么?我微笑不语,坚定地看着她,意思是:随便说。她最后对大家说:"我不知道说什么了,谢谢大家。"然后,她不好意思地走下台去。

接着,轮到我讲话:"今天很高兴第一次听同学们的国旗下讲话。我想,在庄严的五星红旗下,我们讲话的第一原则应该是真!我认为,今天这位同学表现得非常好。此时此刻,她的真实感受就是:我不知道该说什么。她准确表达出来了。而且,她还很有礼貌,下台时说了谢谢。这很了不起。她是一个真实而懂礼貌的同学,请大家鼓掌。"一些同学听话地鼓掌。但稀稀落落的掌声显示,我并没有说服孩子。于是,我又补充说:"有个教育家叫叶圣陶,他说我们写作时要'有话必说,无话不说,说需心口合一,不能说谎。'我希望以后,不管你们说什么,写什么,都要发自内心,不要随便摘抄书上或网络上的话,也不用说那些你们认为老师会喜欢听的话。真实表达最宝贵。"

从那以后,每一次国旗下讲话,我要求同学们遵循这个原则。但这个看似很简单的原则在执行时却充满挑战。

国旗下讲话是学校进行德育教育的一种重要形式,不仅有主题,还有范式。百度一下"国旗下讲话",会发现有近百万个相关链接,主要是讲稿大全和范文等。主题从感恩、安全到爱国教育,应有尽有,范文风格也很多。很多时候,老师会根据演讲主题下载网上范文,有些老师会略做修改再让学生读,有些老师还会一字不改让学生照本宣科。

照本宣科对孩子而言是简单易行的。很多孩子真实表达自己时表示:好难啊。而且,越是高年级、越是所谓成绩好的学生难度越大,他们脱离了范文就如同没了电的复读机,一个字都说不出来了。

孩子们对于要在公开场合说真话、写真话的反应震撼着我。我想天下最糟糕的教育莫过于教会孩子"学尽百禽语"但"终无自己声"。我们教给孩子再多的知识、技能和能力,若孩子不懂得真实表达自己的情感,只会装腔作势说些自己也不明白的假大空的话,那么教育就失去了其真实意义。

教育的底线应该是培养善良而真诚的人,而我作为一个教育人,应该守住这个底线。

我开始利用国旗下讲话的机会跟同学们说:咱们以后不叫国旗下演讲,叫国旗下分享,你可以分享任何事,家里的事,学校的事,身边的事。题材没有大小，内容没有多寡，但是必须真实、真情。提出这个要求后，孩子们开始分享自己读过的一本书，或者路上看到的野花，等等。

国旗下讲真情、讲真话，遭遇的最大挑战不是来自学生而是来自老师。一些老师会觉得我小题大做，多此一举。很多人认为，国旗下讲话就是走过场，没有领导来检查就简单走个形式。还有些老师认为，国旗下讲话要谨慎，网上下载的内容虽不是孩子的真心话，但至少不是错话，重要场合以不犯错为先。

我主张把教育渗透在每时每刻。而我们的教育经常会自相矛盾，做无用功。我们会把国旗下讲话当作是走过场，让孩子读不属于自己的稿子，然后，我们又单独占课时开主题班会："做一个诚实的孩子"。我们占用很多时间开展轰轰烈烈的"爱国主义教育"，却不肯花课余时间让孩子深入学习了解自己的家乡。

我们崇尚"教育正确"。老师怕说错话，怕做错事，且教育孩子在正确的场合说"正确"的话，而正确的标准则是大人的标准、政治的标准。我想，让这些年幼的孩子真诚、真挚表达自己的情感和思想，应该是我们的教育追求。童言无忌，真诚为先。

本周一，又是国旗下讲话。这次上台的是四个低年级学生。他们分享自己班级饲养小鸡的过程及感受。有位学生写了四百字的发言稿，谈到了对生命的感悟：生命很宝贵，我们要爱惜生命。还有一位学生只写了三句话，描写鸡走路的姿势如何搞笑。又轮到我时，我表扬了四个同学，并着重表扬了那个只写了三句话的同学，因为他第一次上台，勇敢地用三句话表达了自己真实的感受：小鸡很搞笑。

我很欣慰，有什么教育能比培养出诚实善良的孩子更重要的呢？国旗下的讲话，如此神圣的时刻，应该是一个灵魂纯洁的时刻，一个真诚的时刻。

2019年4月12日于兴隆

村小的翻转课堂

乡土人本教育对学习的理解是宽泛的，学习不仅要随时发生，也应该相伴终生。孩子应该从小就知道，学习不为黄金屋，学习也一定不能局限于课本及教室，应是天地课堂，万物为师。

天地之间，草木花鸟兽鱼虫相映成趣，山川河流田地交错纵横，万物集天地之精华吸日月之光辉，在星移斗转之间诉说着自己的故事演绎着生命的赞歌，我们应该走进这世间最美的课堂，带孩子结识这人间最好的老师。

乡里民间蕴藏着大智慧，祖堂族谱家俬村落，代际相传浸透着文化与历史，我们应该走进这世间最值得敬畏的课堂，和孩子一起向人间最好的老师学习。

兴隆的教室很大，学习的对象很多，课程可以开设在校园，可以开设在村庄，博物馆，甚至是学校边上的稻田里。孩子的老师很多，可以是水稻也可以是天上飞的云。

很多人好奇我们的课是怎么上的？孩子能学习吗？

本文撷取了2017秋季学期与2018春季学期乡土课的课堂实录的一些片段[1]，展示了兴隆学校常见的乡土人本课堂场景，对希望深入了解兴隆学校课堂教学的老师或许有参考借鉴作用。当然，兴隆的探索也在不断进步和发展，也欢迎大家交流。

---

[1] 该单元主题《我的家乡美如画》是该学期的第一单元，也是混班后的首个主题教学内容。整个单元主题教学持续三周，以观察、感受"春天"来体验我的家乡美如画，中间穿插二十四节气的学习，最后用制作明信片邀请远方的客人"请到我的家乡"收尾。

一、主题教学

乡土课是兴隆学校的轴心课程。这个课有几个特点,从内容上,课程内容以家乡万物为出发点展开学习,大主题套小主题,既可以像剥洋葱一样层层剥离,又可以像织渔网一样交织展开,比如,2018春季学期的学习主题是《大山·家·我的改善行动》。围绕这个主题孩子会学习家庭、人口、家族、家乡、家训、家园等概念;所跨科目也多,涉及自然、美术、音乐、手工和语文等;从教学形式而言,乡土课形式多样,户外教学、小组学习、自主学习及体验学习多种形式都会采用。涉及自然内容老师就会带孩子走向大自然,涉及村史综合时我们就会走进村庄,高年级的学生还会走进县城的博物馆。

二、混龄教学

2018年春季学期初探混龄教学——一二年级合班,年轻教师觉得挑战大,所以还是由我做主带老师,付海亮老师和蒋燕老师作为副带老师协助课程,实习教师蔡聪颖做课堂实录。有些课,听课的教师会比较多,我在设计教案时也会把他们纳入教学,特别是小组辅导环节,算是一种体验式实习。

为了让孩子适应新学期新集体,开学第一周做了班级建设。给孩子们一周的时间熟悉新的伙伴,重新建立混班的课堂秩序,包括安静原则、求助原则等,孩子们通过投票方式给自己的新集体起了名字叫"三宝班",这个名字沿用至今,成为一二年级混龄班的代名词。而整个3月,除了主题内容的教学,混班新秩序的培养及训练也一直是重点。教师示范并以身作则,积极创造出一个"互助、安静、有序及自主学习"的环境。

三宝班一共有(13+11)名学生,按照程度和能力分为A、B两个大组。A组以二年级为主,带了3个一年级程度较好的学生,B组以一年级为主,带了四个程度较弱的二年级学生。学习时采用能力分组完成,以让基础弱

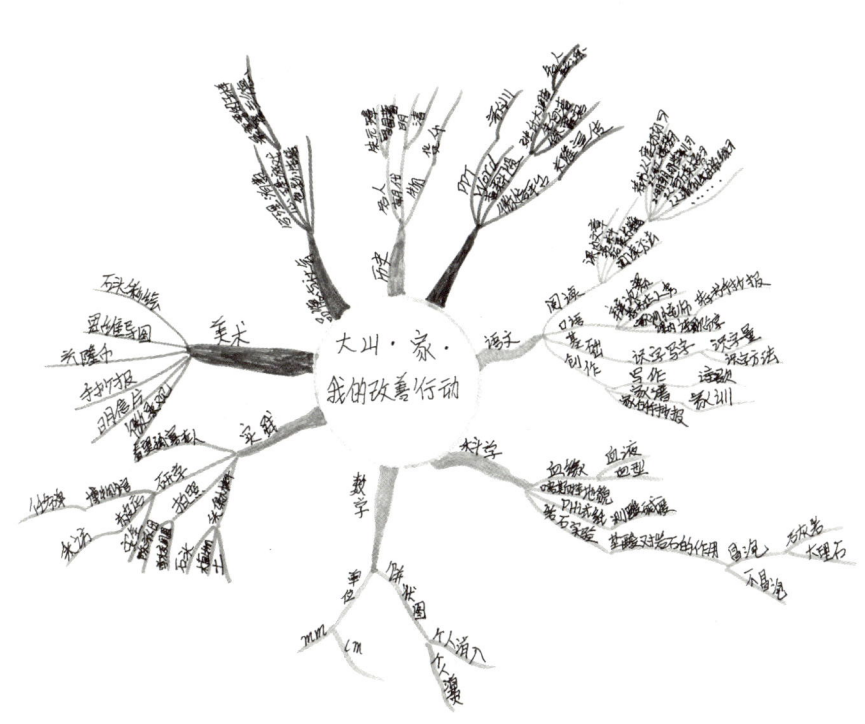

△六年级学生学期末用思维导图作学期总结

的同学能有时间进行基础知识学习。每次课会设计能力分层工作单，适应不同学习能力的同学。AB组会根据学生成长情况随时进行调整。日常教学中，24位学生又分了6个学习桌组，桌组分组原则一是考虑强弱搭配，二是考虑性格匹配。

安静原则是指对音量大小进行一个等级划分：0~3，老师和学生约定了校园里各种场景适用的声音等级，如老师讲解时，声音为0（安静）；伙伴交流时，声音为1（悄悄话）；小组讨论时，声音为1~2；上台分享时，声音为3。

求助原则很重要，坚持这个训练可以帮助孩子在混龄教室中有效维持秩序。学生遇到问题或困难时，他们的求助顺序依次是：同伴→组长→小老师→老师。

下面选取的课堂实录片段能较清楚地体现出混龄教学中的"高年级带低年级""分层教学"[①]：

> 师：今天，我们有新的故事要讲。请二年级同学拿出你的语文书，一年级同学请拿到课文。拿到后，请给我手势。
> 师：这又是一个春天的故事，我想课文里肯定有很多字大家不认识。那么，请二年级同学当小老师。

---

① 该片段选自课堂实录《找春天》，记录了2018年3月12日的乡土课堂，该堂课融合了语文、绘画、表演。记录者为实习教师蔡聪颖。

（老师指着字，二年级读，一年级跟读，大家很积极。）

师：一会儿你们会有表演，所以你们每个字都要认识。我下面的问题需要请一年级同学回答，请二年级不要回答哦。

（老师问生字。）

师：非常好，万雅一直在举手，请她当小老师带大家读。

（生带领大家读生字。）

师：谢谢，下一次谁表现好，就可以当小老师。

师：我们请一位一年级的同学当小老师。（生上台带读。）

师：很棒！老师告诉你们，有一种鸟叫杜鹃，有一种花也叫杜鹃。（PPT展示）

师：现在给大家三分钟，自己读课文。

（同学认真读课文。）

师：现在拿出笔，请二年级同学帮助一年级同学标好自然段。我们开始小组游戏。（师在黑板写下一组、二组……）

师：第一个问题：谁在找春天？

生：我们几个／小朋友。

师：bingo！第二个问题，他们找到了什么？

生：嫩芽。

师：还有什么？

生：小溪。

师：其他组有机会抢答了。他们是怎么找到小溪的？在第几自然段？请你大声地读给同学听。

（生抢答。）

师：他们为什么要仔细地找？第四组。

生：春天太小。

师：我提示你们一下。在第三自然段，他为什么要仔细地找？

生：因为春天像害羞的小姑娘。

师：对，因为春天他害羞，躲躲藏藏地不大容易找，所以要仔细地找。那，你猜这是早春还是晚春？

生：这是早春。

师：为什么？

生：因为春天不好找啊。

（这一段学生参与度很高。）

师：我们马上要排练了，我先问什么叫角色？（板书"角色"）

生：可以演的。

师：棒！那请在课文中找出来你认为可以演的角色。这篇文章里有几个角色？

生：两个，春和害羞的姑娘。

师：害羞的姑娘实际上是谁呢？他说春是一个害羞的姑娘，所以——

生1：和春是一个角色。

生2：还有小朋友。

师：现在有两个角色了。第三个角色在哪儿？

生：小女孩，小姑娘。

师：还有没有其他建议？

生：小草。

师：哇，除了小草，还有没有其他角色？

生：找。

师：角色是名词还是动词？角色应该是——

生：名词。

生：喜鹊和杜鹃。

师：对。（指另外一位举手的学生）你说。

生：音符。

师：好的，那音符的前面说的是什么？

生：嫩芽。

师：（有个学生举手又放下）他抢了你的角色是吗？（同学有点失望）还有很多角色呢。

生：树木。

师：非常棒。还有吗？

生：野花。

师：棒！（看另外一个学生）你终于举手了，还有什么角色？

生：桃花。

生：荡秋千。

师：等等，这是角色还是动作？谁在荡秋千？这里的他，我们一起读。这个他指的是谁？

生：春天。

师：很棒，你们找了这么多角色。老师接下来，试着按照角色读。你们一会儿也要按照角色读，并且还要带！动！作！

（师开始分角色朗读课文。）

师：好，我们现在分成两组，123组留下，456组跟着付老师。等你们回来的时候，分组表演，给你们10分钟排练。

三、户外教学

户外教学基本每周一次，教学的重点是：观察、感受、记录。

2018春季学期的第一次户外教学发生在《惊蛰》这堂课上，出发前需要先和孩子约定外出规则，明确观察方式及任务[①]：

师：（声音降低）好的，那接下来就请大家出去看看都有些什么虫

[①] 该课堂片段选自课堂实录《春之观察（一）》，记录了2018年3月6日的乡土课堂，该堂课融合了语文、音乐、绘画、自然。记录者为实习教师蔡聪颖。

出来了！接下来我们这个活动就叫作"寻找惊蛰"。

生：哇！！

师：好，我们外出都有什么规则？

生1：出去的时候要安静。

生2：要注意安全。

师：那我们怎么注意安全呢？

生1：走路的时候要看地。

生2：不要东张西望。

师：好的，我们现在再来看一下我们的求助顺序。（师走到后面黑板带大家复习了一遍求助顺序，为同学们发放了观察记录表。）

（小富开始大声说话，并跑。）

师：不想出去的同学就先不发给他工作单。（问小富）你希望外出学习吗？

小富：希望。

师：可是你刚才违反规则了，你要看看你的小组是不是同意你一起出去。

（小组讨论，决定要带着小富一起去。）

师：好的，尊重小组决定，小富要说什么？

生：谢谢！

师：看黑板，有谁认识吗？（板书：观察）

生：观察。

师：怎么观察呢？

生：用眼睛看，鼻子闻，耳朵听，嘴巴尝，手摸。

师：她说得非常准确，很棒！外出时，你们的老师会协助你们，请听你们老师的指令。

（每组一位带队老师，学生带上两张椅子，带着笔和主题夹、观察笔记，门口安静排队。到达室外后，学生先趴在椅子上填写了基本信息，然后由各组老师带去进行观察记录。）

每个小组带队老师和学生的沟通片段：

师1：同学们，你们听见了什么声音啊？

生：全是大家吵闹的声音！还有车声！

师1：来，同学们静下心来，闭上眼睛再去仔细听，现在听到了什么声音呢？

生：鸟叫声！

生：鸡叫声！

生：风的声音！

师2：同学们，你们看看天空是什么颜色的啊？

生：蓝色的！

师2：是蓝色的吗？你们再仔细看看！

生：是白色的，还有点灰色。

师2：对了，我们的天空今天是白色的，还有点灰色，因为今天是阴天。

师2：同学们，你们闻闻花是什么味道的啊？

生：臭臭的！香的！苦苦的！

（回到教室后，每个组的组员以及带队老师都进行了简单的总结分享。）

第一次户外教学，出现了"有的同学跑来跑去，有的同学不听指挥"的状况，所以在第二次户外教学前，老师和同学们针对这些问题做了讨论，并在出发前，更具体地示范了应如何观察、如何记录[①]：

[①] 该课堂片段选自课堂实录《春之观察记录（二）》，记录了2018年3月13日的乡土课堂，该堂课融合了语文、绘画、自然与户外活动。记录者为实习教师蔡聪颖。

师：怎么解决秩序比较乱的问题呢？大家现在都知道要坐好，非常棒。（有同学举手）欢迎提建议。

生：看花。

师：你是说要认真看花，不乱跑吗？（生点头。）

生：学生跟着老师走。

师：好，认准自己的带队老师。那么，你在观察时，突然有问题要问，你要怎么办？

生1：先找组长。

生2：找同学。

师：对，请组长站起来，（组长都站起来了）同学们有事，先找到组长，告诉组长，由组长找到老师。请大家看看墙上的求助顺序，（同学都转头看）先跟身边的同学讨论，老师是你最后一个要问问题的人。

师：每组组长都走在队伍的第一位。组长都明白了吗？你有什么问题？（有个同学举手想问问题）你的组长在边上，请先询问组长。

师：现在咱们练习观察，观察要用哪些器官？

生：眼睛/鼻子/耳朵/手/大脑。

师：用手摸，那用鼻子怎样？用耳朵怎样？用眼睛怎样？

生：（齐声回答）用鼻子闻，用耳朵听，用眼睛看。

师：那外出时说话应该怎样？

生：（大声说）1。

师：（老师压低声音示范）好，现在请你们用1跟我说话，出去的时候要用这样的声音跟我说话，因为大声就听不到花落、鸟叫和太阳出来的声音，而且会打扰别人的思考。（学生很认真点头，互相小声交流。）

师：老师讲的时候你应该站在什么位置上呢？观察花的时候应该

站在哪里呢？我们现在请付老师来示范。

（助理老师示范。）

师：刚才老师怎么站的？

生：（很小声说话）站在花的边上。

师：学生应该站在哪里呢？

生：围着老师站。

师：真棒。现在大家看一下《户外观察单》。注意，每个人的观察单是不一样的，分了ABC三种观察单。每个人要带好笔和橡皮。今天的任务是看花，B组可以采用画的形式，A组主要是描写你看的花，可以写拼音。

师：《观察单》是不是有要求？一起读一下，我们今天要怎么做。

春之观察及记录表A组（二）

日期：＿＿＿月＿＿＿日　天气：＿＿＿＿＿　姓名：＿＿＿＿＿

今天，我们呢要一起出去看一看、闻一闻、摸一摸、感受一下春天的花。我们安安静静地排队，听老师的指导，和伙伴合作，共同寻找和观察春天的花。

花的名字	颜色	味道	花的数量	形状	画/贴一朵花
感受	春天的花像＿＿＿＿＿＿＿＿＿＿＿＿＿＿＿＿＿＿＿。				
	春天的一朵花像＿＿＿＿＿＿＿＿＿＿＿＿＿＿＿＿＿。				
	春天的一枝花像＿＿＿＿＿＿＿＿＿＿＿＿＿＿＿＿＿。				
	春天的一树花像＿＿＿＿＿＿＿＿＿＿＿＿＿＿＿＿＿。				

四、多学科融合

多学科的融合发生在每一堂乡土主题课上,每一堂课基本都融合了至少两门学科的内容。

下面选取了2017秋季学期《兴隆12月菜》主题课中的一个小主题的课堂《Hello蔬菜》的课堂实录[1]。这堂课融合了英语、表演、拼音、写字、绘画等学科。

《兴隆12月菜》主题课用7课时完成,第一堂课是《认识蔬菜》,主要通过实物感官摸、看、闻、尝认识蔬菜;第二堂课《兴隆12月菜》儿歌学习,学生需要了解季节与蔬菜之间的关系;第三堂课就是《Hello,蔬菜》(我们的一堂课在2—3小时)。

《兴隆12月菜》[2]儿歌是我根据兴隆时令特点自编的童谣,围绕蔬菜主题,通过感知、认识学习蔬菜,要求学生可以背诵儿歌,描述不同季节的蔬菜及蔬菜的特点,最后完成蔬菜绘本。

〈Hello, how are you〉为每日十分钟的 Read Aloud 的英语晨诵内容,是一首英语歌曲,活泼生动,很受学生喜爱。

晨诵十分钟

复习《Hello, How are you》英语歌曲。

老师带领学生复习《兴隆12月蔬菜》

先带读全文,再按月份每人分读一句,最后小组竞赛,全班分3组:老师说出蔬菜名称,学生在《兴隆12月菜》文章中找出相应的蔬菜文字及拼音,带领小组大声读出,抢答正确,小组记分。

---

[1] 《Hello蔬菜》这篇课堂实录由实习教师李明哲记录,授课时间是2017年10月26日。

[2] 《兴隆十二月菜》儿童内容:一月洋芋已发芽,二月萝卜白又大,三月油菜开黄花,四月包菜圆嘟嘟,五月黄瓜乐开花,六月茄子紫英英,七月豇豆满杆爬,八月辣椒枝头挂,九月南瓜甜又面,十月菠菜要播种,十一月白菜进我家,十二月豌豆嫩哈哈。

老师带入 Hello 蔬菜主题

师：现在大家都很熟悉每一种蔬菜的名字及特点了，你们愿意扮演一种自己喜欢的蔬菜吗？

生：愿意。

师：你们可以自己选……

生：白菜、萝卜……（李备注：学生们只选了几种他们印象较深或较熟悉的蔬菜，也有的学生是因为听到别人说选哪种蔬菜，自己随声附和，所以十二名学生，并没有选十二种蔬菜，大家都集中选中三到四种蔬菜。）

师：那大家只选了三种蔬菜，我们一个月有一种蔬菜，一共 12 种蔬菜，其他蔬菜怎么办呢？有没有人选别的菜呢？

李备注：没有学生想出办法。

师：那我们抽签，好不好？

生：好！

师：我们从右边开始抽。

（李备注：坐在左边的学生要求从左边开始抽。）

师：我们分成两份，两边同时开始抽，好吗？

生：好。

（李备注：各种事情与学生商量，从引导中让学生有限选择，化解由于先后次序所带来的心理不悦感。）

师：同学们拿到了蔬菜图案，现在你们在《兴隆十二月菜》上找到相应的菜名，把名字抄到图案纸上，不会写的字可以只写拼音，每个字和每个字的拼音之间要留空，把字写好。你们要写漂亮点哟，一会要表演呢！

（李备注：同学都很认真，在童谣中找到自己图案中蔬菜名称，抄在图案旁。有个别完成快的同学，老师就让她把童谣的一句话抄上。）

师：要写上自己的名字。

李备注：同学们在图案边上写上了自己的名字。

师：写完的同学可以给自己的蔬菜涂上颜色，然后制作面具。（因为以前制作过面具，所以不用解释，学生明白）

（李备注：学生很兴奋，开始涂颜色，制作面具。）

师：大家都做好了，想玩游戏是不是？

生：是。

师：大家不要急，我和朱老师先示范表演。

示范：肖老师：hello，我是一月白菜，how are you？

朱老师：hello，我是二月萝卜，I am good。

师：大家记住要求：你要交蔬菜朋友，想和那个蔬菜谁交朋友就先自我介绍：1）要用英语自我介绍：Hello，我是×月的××菜，how are you；2）回答的同学说：I am good 或者 great，wonderful 都可以，你就可以交下一个朋友，好吗？好，大家先练习下，好不好？

生：好。

（练习以后，同学自由交朋友）

（李备注：游戏过程有视频记录，学生非常认真也很开心地找自己的伙伴，互相认识对方面具上的蔬菜，每个人都会挥手打招呼说hello，然后说自己是几月的蔬菜，再说how are you？）

师：同学们回到座位，现在每位同学都说一下自己交了几个蔬菜朋友？介绍下自己蔬菜朋友的名字及特点。

生：逐一介绍自己认识的蔬菜朋友。

（李备注：整个教学过程生动活泼，学生在愉快的游戏中，不但学习了拼音、文字，还了解了蔬菜特点及蔬菜的颜色，同时复习了英语。）

《兴隆12月菜》主题课以《我为蔬菜做绘本》活动结束，同学们最后用一堂课创作绘本。

五、活动化教学[①]

我将绘制明信片这节课拓展成为全校课程,这个课程后来又延伸为一个活动,叫"请把你的家乡寄给我",全校78位孩子亲手绘制介绍学校及家乡的明信片,寄给了学校招募的来自全国29个省市的78位志愿者。

为了能画出家乡的美,大山,花,小溪,红旗,秋千,蝴蝶,立人堂,读书廊,家……大山里有的,可能有的,小朋友们都想到了,都画到了明信片里,有些还配上了自己写的小诗:

《大山》

作者/宋庆文(三年级)

鸟叫,
草和花的味道。
山是有生命的,
山是五颜六色的。
山是三角形的,
山带给我们快乐。
山是善良的,
山是美丽的。

小朋友们手绘的明信片于3月中旬寄出。

随后,孩子们陆续收到志愿者的返信及明信片。收到明信片的小朋友乐坏了:

"特高兴,我都兴奋了一个星期,还一次有两张呢……"

---

① 该篇记录来自公众号:田字格兴隆实验小学。

"开心死了,我还以为收不到了,但又收到了……"

"没见到明信片的时候,心里面怕怕的,但当我看到属于我的明信片的时候,我好兴奋!"

5月15日,田字格兴隆实验小学在立人堂举办了一次明信片展览,这次展览不仅有来自全国各地的56份明信片,还包括参加学校明信片活动的获奖学生作品及学生优秀作品。

停课不停学：我的担忧、反思与呼吁

一

今天，贵州教育局官网正式宣布贵州省高三初三学生将在3月16号开学，这意味着小学很可能3月底才会开学。

漫长的假期，面对疫情的焦虑尚未消除，老师和家长又陷入对孩子教育的焦虑之中。手机将这种焦虑传递得淋漓尽致：一边是如火如荼、花样翻新的空中课堂，各路名师高手使尽浑身解数，对荧屏外的孩子"循循善诱"；另一边是"抖音""快手"里，父母面对不能专心听讲、辅导艰难的孩子们的"顿足捶胸"和"暴跳如雷"。

事实上，疫情中的我有更多的焦虑。

我并不担心，疫情中的孩子能多学少学多少知识——今天的孩子，不缺少课堂和书籍，也不缺少电脑和网络，他们缺少的是生活的磨难和生命的磨砺。

我不担心，禁足在家的孩子，写没写作业，上没上网课——今天的孩子，不缺网课不缺作业，他们缺少对社会的关切和对他人的关心。

我担心，疫情过后，我们的孩子，只有知识增长，只有阅读提高，没有生命成长。

我担心，几千个生命的痛苦离去、几亿人禁足在家的惨痛经历，白白地在我们眼前流失，而亲历其中的孩子们却全然未从中习得半点教训、收获点滴成长。

二

我们似乎不习惯反思灾难，我们的教育也缺少对反思的引导与训练。

我注意到几乎全国所有的网课，除了强调了疫情的防护知识，病毒的基本知识外，都一头扎回课本的学习。该刷题刷题，该背古诗背古诗，除了戴口罩勤洗手。若只看教学内容，你会以为疫情好像从未在这片土地上发生过。

我们和我们的孩子正在经历一场人类史上的特大疫情。活生生的灾难教材就在眼前，而我们的教育还停留在课本和课堂的学习上，远离孩子的生活与生命。

我最近常想，当人们指责官员在疫情控制的"黄金时期"不作为时，当我们看到有些官员还在"甩锅"推脱责任时，当我们质疑一些媒体人给出的数字和信息的真实性时，我们有没有意识到：这些人曾经也是孩子！曾经也是祖国的花朵！他们之中不乏学霸、不乏老师家长眼中的好学生好孩子。但他们的生命中显然缺失了一些作为人宝贵的品德，比如：诚实和善良。

我认为，他们所受的教育中缺少了人生最重要的一课：生命教育。而这堂课，在我们今天的教育中仍然缺失严重。

我们正经历一次百年不遇的灾情，也在走入一个百年不遇的生命教育课堂。

我希望孩子们知道，那些死去的亡灵、那些失去亲人的家庭，他们不是数字，不是微信里的陌生人！他们是武汉人、湖北人、是医生、护士、是爷爷奶奶、是爸爸妈妈、是我们的同胞。如果，我们不关心他们，不从他们的经历遭遇中有所学习有所触动，有一天，我们也可能会成为他们。

我希望，不在"疫区"的孩子们，可以暂且放下手里的课本，和我们一起走进疫情的生命课堂，从活生生的教材中，学会同理，独立思考，获得爱和力量，甚至智慧。

三

无情的疫情也是一门跨学科、多层、丰富而意义非凡的综合课。

从教育角度而言,孩子生命所经历的,就是他最容易理解、也最渴望学习的内容。人类对自己的体验与经历充满了无穷的学习与探索动机,体验与经历也恰是孩子学习的最大动力。给予孩子探究切身经验的机会,我们将发现,孩子对生命与生活的好奇与探索的动力,远远大于对课本本身的学习兴趣。

从疫情角度而言,我们正在经历一场前所未有的没有硝烟的战役。损失难估,代价惨烈,创伤难愈,此悲剧必会载入史册。然而,我不确定,这史诗般悲壮的"封城"和惊心动魄的举国"居家办公",将以怎样的面貌、是非呈现在未来的教科书里。我们不能只选择性地让我们的后代记住那些"英雄事迹",再昂首高唱胜利的赞歌。

若今天亲历在疫情中的孩子错过这场学习,我觉得,这将是孩子人生莫大的损失。

·疫情是一堂特殊教材的文化课

老师和家长,完全可以把每日疫情数字和各省简报,从简单的加减法到复杂的统计再到地理,都可作孩子的教材;每日网上与疫情相关的独家采访、新闻爆料、公告通知,诗歌散文,科普知识,甚至音乐都是绝好的学习素材。

·疫情是一堂探究方法课

课本里的真理是枯燥的,是别人总结的。我们尝试着和孩子一起在扑朔迷离的网络信息里寻找"零号"病人,这不仅是最好的PBL课题,也可以让孩子懂得"探究"的过程正是追寻真理的开始。

·疫情是一堂社会实践课

不要在空中课堂寻找公平与正义。和孩子一起为那些流落在武汉街头的外地打工者发个声音,至少可以转个帖,这样你的孩子自会理解并体会

公平与正义的含义。

· 疫情是一堂道德教育课

"珍惜生命、关爱他人"不是口号。不要纠结如何完成800字"最可爱的人"的作文,给失去亲人惊恐悲哀的武汉小朋友寄去一张充满温馨的明信片,你的孩子就是最可爱的人。

我们每日和孩子们讨论疫情,讨论灾难与危机中的复杂故事与人物。简单的煽情式的大爱来之迅猛,退去如潮,不应该成为我们的教育点。如果你的孩子至今尚未听说医生李文亮、专家钟南山、志愿者汪勇,我觉得做父母的应该赶紧补课。因为,这些人代表了各自职业的良心。良心,是孩子做人的底线。

经历此次战"疫",如果你的学生,尚不知3000人死亡、3000多医护人员感染的数字,没有通过疫情跟踪学习到"谎言与真言都会付出代价,只是历史会唾弃谎言者,会铭记为真言付出生命的人"的道理,那你则是个失职的教师,因为你忘记"师者",传道在先,授业在后。

四

家长和老师也困惑,疫情中,信息杂乱,谣言四起,我们如何带着孩子辨识哪些信息可以看哪些信息不可以看?

我认为这恰恰是家长和老师面临的考题。在我们培养孩子的思辨能力时,首先必须培养自己的思辨能力。

我不能告诉大家哪些媒体可以看,毕竟每人"可看"与"不可看"的标准不同。在此,我介绍我在这次疫情中喜欢跟踪的媒体和内容:

每日必读国家新闻中的每日疫情;

跟踪《财经》和《财新》每一篇关于疫情的报道;

听比尔·盖茨的演讲;

读柳叶刀与疫情相关的研究报道;

我还读医生诗人弱水吟的诗,听《我哭了》和《Together》的音乐,等等。总之,我认为疫情期间朋友圈的信息量足够我学习和吸收,也完全可以带着孩子学习。

五

教育不是灌输知识,而是培养人。

人的培养,不能只在教室里、书本上完成,人必须亲历历史,亲历生活,才能成长。

学校多培养出几个学霸未必对推动社会有多大作用,但培养出没有良知、不懂爱、撒谎成性的"学霸"对社会造成的危害则不可估量。

每个家长都希望自己的孩子可以过上岁月静好的日子。

然而,

生命消殒,岁月不再,何谈静好?!

为了我们的后代能过上岁月静好的日子,

为了我们的后代不再次经历奔赴战"疫"而英勇牺牲的遭遇,

为了我们的后代每逢春暖花开时都可以外出踏青嬉闹欢笑,

请让孩子暂且放下课本,走进疫情的大学堂,面对"真实",学习成长。

2020年2月28日于兴隆

第五章

师从本心

师生观

学生为本,教学相长;
听语善问,尊重殊相;
乐学为境,众乐分享;
师生无间,互敬礼尚;
高山仰止,景行行止;
亦师亦友,共学共长。

教育是一场师生共创美好生活的践行[①]

田字格在兴隆实验小学推行的教育叫乡土人本教育。我们坚持相信"立足乡土、回归人本、敬爱自然、走向未来"的理念，可以培养出自信、善良、爱学习、敢于创新的新一代乡村子弟。

田字格兴隆实验小学的校园规划、课程设计及文化建设是从"学会做人、学会做事、学会学习、学会共同生活"四个维度展开的。如果让我在兴隆教育创新中只挑一个重点讲述，我将首选"学会共同生活"，因为，我们谈乡土、人本、自然、未来时，就是在谈人类未来将如何共同生活在一起。

今天的兴隆学校更像一个浓缩的小社会，学生有的来自乡村、有的来自县城，教师则来自全国各地，百十来个人一起在美丽的学校生活、一起学习、一起劳动，我们不仅上课还开垦了农场，种养了茶园，改造了百草园，建了堆肥池，我们一起经历春耕秋收。

兴隆学校的共同生活一直贯彻几个原则：

一、让师生体验不同社会角色

兴隆的共同生活的一个原则是：学校尽可能多地模拟各种社会形态，让师生在校园中成为管理者、经营者、共同学习者、共同创造者。

学校有一间手作坊，由学生自己经营。手作坊主要销售师生自己制作

---

① 2020年1月11日，肖诗坚校长受邀参加《北京大学基础教育论坛"未来教育：5G宣言"分论坛》，因故无法到现场，最后以录制视频演讲的形式参与。该篇根据视频演讲整理。

的乡土手工作品,从掌柜到账房都由学生志愿者担任,盈余用于学生活动。

学校的农场是师生根据农季安排农事,收获后再卖给学校的老师和孩子。

学校还设有志愿解说员、学生会干事、广播员、礼仪官等多种角色,让学生充分体验参与。

二、践行民主精神及方式

共同生活的美好是因为师生可以在学校自由而民主地生活,我们学校鼓励各个团体建立公约,提倡"公约治校"。

比如,我们的"校园公约"就是全校师生共同商定并通过"公投"确定下来的,各班也有自己的班级公约,甚至教师之间也有自己的公约。

为了让师生更好地参与校园的管理,学校还开设了公共议事课,学生会担当学校公约执行的监察机构。

三、提倡"心向善"的生活态度

与其说我们在培养学生的合作互助能力和学习生活能力,不如说我们在培养孩子的一种价值观和生活态度。

田字格兴隆实验小学的校歌唱道:"心向善,有义方,先圣先贤教我一生坦荡荡。"善良是共同生活中最值得培养的品质。我认为善良是一颗种子,教育者有责任把它播种在后代的心中,这样他们才有望成长为有良知、公平正义的公民。

四、主张"共好"的生活方式

在经历不同角色后,学生学习"认识自己、了解他人、服务他人、共好向善"。"田青之家"鼓励毕业的孩子回到学校组织活动回馈社区;"小老

师制度"鼓励高年级的学生带低年级的学生;"一班一好事"则是每学期学生都会为学校、为村庄做有意义的事情。

教会孩子善良、友爱、互助、共好,让孩子从小体验人世间的美好,这不应该是教育的乌托邦,而应该成为教育的使命,成为教育者的践行指南。我相信经历过美好的人更能创造美好,而不是相反。我认为教育,特别是基础教育,有义务让受教育者经历美好。

让美好发生在校园,发生在孩子身上,这是当今时代,当今国家对未来最好的投资。

2020年1月11日于兴隆

乡土人本"田家君"团队十条约定[①]

实现田字格"乡土人本教育创新推动教育公平"的道路漫长且充满挑战，为了整个团队能携手乘风破浪，所有成员需要在理念及实践上达成一些共识，才能齐心协力，前赴后继，奔向光明。

一、既然选择远方，便只顾风雨兼程

教育没有对错，只有选择。

乡土人本教育是根据中国乡村教育需要及乡村孩子特点创立的一种有理念有课程有教学方法的新教育模式，我们相信，实践也证明：这是一种好教育。我们也知道，它绝不是唯一的好教育。好的实验教育千千万万，国外有华德福、蒙特梭利等，国内有先锋、幸福学堂，等等。

感谢并恭喜各位选择加入田字格乡土人本教育创新团队——田家君！

你的选择意味着，你将在推动乡村教育公平的路上收获一个坚定的信念、一次卓越的成长、一段难忘的经历、一份深厚的友谊，甚至，一次生命的唤醒。

经验告诉我们，你的收获取决于你笃定自己的选择，你笃定田字格乡土人本教育的选择是正确的。因为你选择了田字格，就意味着你认同田字格的理念、课程、教育形式及方法，甚至田字格的文化与项目；你的

[①] 田家君，即田字格乡土人本教育核心践行团队，总人数约20人。田家君通过聚集一批热爱并立志于长期从事乡村教育创新的青年力量，借助专业的成长和实践平台，形成一支具有"研发、实践、培训、推广"等相互支撑功能的创客团队。本篇是肖诗坚与乡土人本"田家君"团队的十条约定。

选择也意味着你将和我们一起在田字格这片远方的土地上共创属于我们的诗——以乡土人本教育创新推动乡村教育公平,诗和远方就在田字格乡土人本教育,我们就是诗与远方的一道亮丽风景线。

但乡土人本的诗与远方不是岁月静好的风景,而是壮丽蹉跎的拼搏。你既选择,就坚定信念,勇敢拥抱,携手伙伴,风雨兼程,同舟共济,以爱与坚定共创诗与远方。

二、"田家君"不是支教团队,是乡村教育的开拓者,是一支创客团队

我们不是传统支教,我们是乡村教育工作者,是乡村教育创新的开拓者。加入田家君时,请丢弃那些在乡村美好支教的幻想:教好语文数学就可以了……不,这不是田家君的使命和教学常态。

乡土人本教育属于教育创新,我们的队伍是一支创客团队。我们是未来田字格核心研发实践团队的20位成员,我们对"田家君"的成长期望和目标追求是"专业"、"职业"和"创新",这意味着我们日常工作的强度、难度大,要不懈地学习,甚至还会有无法预料的问题等待我们去解决。所以你对乡土人本教育信念的坚定至关重要,坚持团队协作非常重要,个人的开放心态、奉献精神、学习力、应变力、适应力同样不可或缺。我们会通过培训及实践,为田家君提供长久的成长支持。

我们期待田家君不仅可以从成功的课堂,从孩子的成长中获得幸福感,也希望你们可以通过项目的推进,从目睹乡村子弟在乡土人本教育中受益获得成就感,因为,我们每在"以乡土人本教育创新推动乡村教育公平"的路上行走一步,就离"让更多的乡村孩子可以在家乡享有属于他们的好教育"的愿景近了一步。

三、坚定信念，坚持实践，坚持修正

乡土人本教育具有创新性、不确定性及挑战性。

就实验学校而言：管理模式会随着人员、人数、经验变化而不断变化。

就田字格机构而言：坚守使命，面对大政策大环境，也需要不断调整每年的战略计划。

在乡土人本教育创新中，"探索"是我们的核心词，"变化"是我们的常态。

创新意味着"由无到有"或"破旧立新"，无论前者或后者，都意味着变化与挑战。我们坚信：以儿童为中心，从儿童生活的世界中开启他们对自我、世界的学习及探索是学习的最佳途径，培养出热爱家乡、亲近自然、以人为本、走向未来的孩子。

我们深知，这种前无古人的教育理念在实践中会充满艰辛，我们也已做好心理准备。一种新教法，初次实践遭到失败—再尝试再失败—失败后总结经验、学习反思—再实践—再修正，在实践—否定—修正中，乡土人本的教育方法也会日臻完善。

变化会让人不安。面对创新中的变化，我给田家君一些具体建议：

- **坚定信念**：当我们坚定信念时，我们会把困难当作问题去解决而不是去抱怨，会把失败当教训从中学习而不会气馁，会把修正当必然而不轻言放弃。

- **拼搏精进**：田家君们大部分没有教育专业背景及教学经验，在田字格锻炼周期也只有短短的2~3年。面对这样的现实，不忘我们的使命，带着我们的爱心与责任竭尽全力，努力拼搏，顽强学习。因为，你的成长及收获与你的拼搏和努力成正比，请抓住成长的机会。

- **携手伙伴**：当你彷徨时，请重温我们的使命和愿景，与伙伴再学习和讨论我们的乡土人本教育理念，相互鼓励，一起携手探索并进。

四、田字格兴隆实验小学不是教育的乌托邦

兴隆小学作为一所公立小学,我们需要考虑到地方教育局的规定,考虑到家长的期待,考虑到乡村孩子的现实需求,因此我们要遵守公立小学的基本管理制度,也会有考试和评估。

作为田字格的实验小学,我们又肩负着田字格"以乡土人本教育创新推动乡村教育公平"的使命,这所学校既要有对教育模式的创新探索,又要有新教师的培养实践。

复杂的背景,使学校必须做好理想和现实的平衡。我们需要理解,好的教育是不脱离现实的教育。

田字格兴隆实验小学不是教育的乌托邦,这所学校在执行国家教育大纲的前提下,在教育制度许可的范围里,探索属于乡村孩子的好教育。

五、想培养怎样的学生,就要先成为怎样的教师

我们想要培养"立足乡土、敬爱自然、走向未来"的乡村子弟,希望学生能够懂得自主学习、团队合作、共同生活,具有向善、坚毅、担当、互助、共好、志愿精神的良好品质。所以,我们对孩子的培养目标,也是对田家君的期待。

有时候,我们必须承认,培养一个老师比培养一位孩子要艰难,特别是当培养的目标与"正统""传统"经验及观念不一致,甚至是向传统观念发起挑战时,这个困难会愈加凸显。

中国目前的基础教育体系缺乏"感恩、志愿精神、共好、分享"等品格的培养,缺少创造力、沟通力、自主学习、思辨力及生活技能的训练,几乎没有对自我、生命、宇宙及人类的探索,这也意味着大部分田家君们——中国教育系统的佼佼者,同样缺少这样的基础训练及意识,而来自城市的田家君们也会缺少与自然、乡土、生命接触的环境与经验。

由此，我们给田家君的建议是：

- 相信：相信教育是一个灵魂唤醒另一个灵魂的过程，那个被唤醒的灵魂是孩子的灵魂，或许也是你自己的灵魂。做一个有灵魂的人。
- 阅读：阅读并观看有关创新教育的书籍及视频。
- 参与和思考：积极参加学校的各类课程，特别是活动类课程，在每次活动中思考，这个课程设计的目的是培训孩子怎样的能力及品德？你从中可以学到什么？
- 讨论：对任何课程目标及操作有疑惑时，及时与培训老师进行讨论。
- 培训：田字格对新人的培训也是打破常规的，劳作、小组活动、共创、自主学习都是我们的培训内容，但是未必通过课堂，未必采用老师教学员学的形式，更多的是"做中学"。如果，你不习惯这种培训或在做中有困惑，一定及时表达，培训老师会与你沟通、总结、梳理，从过程中找到你要学习的"点"在哪里。
- 实践：任何能力的培训，技能的学习都需要过程，需要实践，实践不单单是局限于课堂中，每一次活动的组织、生活的安排都是实践机会。田家君通过实践，让这种素养及能力内化在你的身心之中。

六、"天地课堂，万物为师"

田字格学校在最大限度地模拟社会的美好生活，在这里既有乡土、生命等轴心课，也有语文、数学等基础课，而像共同生活等实践、研学、嘉年华等活动，也会被定义为是一堂课。活动策划即是教案，活动目标即是教学目标，工作单及学习资料即是教材。

我们不仅视每一个正式的活动为课堂，也视每一个生活中"小事"，身边发生的事为教育机会。

教育在走进校门的那一刻就开始了，学校的每一个场域、每一个情景都是"活的"教学现场。教师的一个动作、一个眼神都是生动的教育案例，学生的一次矛盾，家里出的一个问题也是我们与孩子共同学习的机会。打造的学校环境必须传递着我们理念：自然，乡土，尊重，共好。

不仅如此，我们提倡教师要有使命感和大局观，不仅关心身边发生的事，也关心世界发生的事，包括村落县域发生的事，国家大事，国际大事，都是我们可以学习的内容和应该关心的事。

我们提倡用乡土自然的素材做教具，以家乡的人事物为主题，与周遭的世界产生链接，以期培养一个具有热爱家乡、敬畏自然、走向未来的孩子。

七、提倡"爱与善的责任"

所有加入田字格的伙伴都充满爱心，且善良，这种品质在当今社会难能可贵，值得坚持。但是，爱与善是做教师的一个前提，不是全部。田字格提倡有责任的爱与善。

作为教师，当我们给予"爱"，出于"善"与学生互动甚至采取行动时，我们需要思考以下几点：

• 老师的行为对要培养的"学生画像"中的那些品质和能力是有帮助还是有阻碍？

• 当老师出于"好意"和"善意"提出一个建议时，这个建议是否想得周到全面？比如，这一行动对学生、对家长、对其他老师，甚至对学校管理制度的远期影响是什么？

• 老师在采取这个行动时，是否综合考量此行为可能带来的困难、负面影响或风险，老师可否将对策建议一并提出，并愿意承担责任？

• 当你不确定你的"善举"是"善果"时，欢迎大家共同讨论。讨论时，我们要提醒自己遵守两个原则："授人以鱼不如授之以渔"以及

"好心一定要做好事"。这个"好",需要基于对儿童长远成长的尊重,基于对教育持续性的思考。

八、乡土人本教育的传承及共创

田字格在10年乡村教育、3年乡土人本实践的基础上,累积了一些经验和成果,我们将这些财富梳理并展示给大家,希望大家传递并实践下去。需要传承的内容包括并不限于:我们独有的文化(下面有谈)、理念、课程、教育思想,甚至一些教育方法比如五步教学法等。传承意味着,后继者需要在理解的基础上在日常教学及生活中实践、精进。

乡土人本教育属于教育创新。未来的教育创新不是凭借某个人的才能就可以创造的,它需要集体的创造与智慧。乡土人本教育发展的道路上还会有更多未知,需要每一位加入的伙伴发挥能动性,参与共创。田字格乡土人本教育不是个人的创造,而是由所有参与者共创而成。

九、追求社群文化

我们在学生画像中强调"共好",简单解释就是构建"我为人人,人人为我"的美好世界。为了追求大到人类、小到社区的幸福及美好,在尊重个体的前提下,提倡有历史感、有使命感、有大局观:优先大幸福,牺牲小情怀,甚至收敛小自由——这也叫"社群文化"。

经过选拔的大约20个来自祖国各地的有志人士,怀揣理想,聚集在一个相对封闭的山区,共同探索教育创新,这样的背景和现实,更坚定我们对社群文化的选择及倡导。

具体而言:

- 共好:田字格提倡并追求与环境共好,与社区共好,不追求"个

人主义"，不提倡绝对"自由"，追求环境和谐，社区进步及"公约管理"。

- 讨论文化：公约需要讨论共同执行，小到"办公室能否吃零食"，大到"校园公共事务"等。讨论意味着时间的投入，虽然可以将会议流程化，但是会议依然可能多，会占用大家的"业余"时间，这一点必须有心理准备。
- 共建文化：学校不是家，但是胜似家。一年之中，我们在学校的时间比在家的时间多，学校是我们的家园。我们是否能在这里度过美好的时光，取决于我们要花多少时间投入与建设。共同建设不仅是时间及精力体力的投入，也是一种情感的投入，更是一个团建的过程。心态好，干再多也不累，因为，我们是在共建我们的家园。
- 共读文化：老师需要成长，读书是一个很好的帮助我们成长汲取营养的方式。田家君会定期不定期发起共读活动。
- 共同生活：共同生活既是学生的课，也是老师的践行之路。老师们轮流为伙伴做饭，费用AA制，读诗，相互照顾，还有时间"经营"我们的生活，使我们在山里的日子更丰富多彩，日后离开回味悠长。

十、坚持向善向好的沟通原则

沟通对一个团队的成败永远起着关键作用。我们希望团队有一个开诚布公，坦诚相待，友善相处，直言不讳，就事论事，不背后议论的氛围，我们希望建立充满友爱、相互帮助的团队。

对于说者，我们希望坚持以下两条：

- 3K原则：know why, know what, know how. 在沟通一个建议、决定、事项时，要解释缘由，说明事情，最好提供并告知落实的方法。
- 手枪原则：在批评别人的某个缺点或指出问题时，要三思自己是否也有同样的问题，然后给出一条建设性建议。

对于听者，我们希望能心态平和，共同讨论，共同进步，有则改之，无则加勉。

最后，说者及听者都应遵守一个共同原则：向善与向好。说者听者应心向善，最终为团队及田字格向好。如果违背这个大原则，那么请谨言慎行。

以上是田字格在未来实践中需要与田家君达成的十点共识。求同存异，"同"是我们对田字格乡土人本教育理念的大认同，大共识，"异"是在共识之下，各种实践、创新、探索的百花齐放。

如果你在阅读和学习之后依然有疑惑，欢迎讨论，讨论之后依然不能认同，那么欢迎你做出你的实践选择。我们尊重每位老师的选择，也相信选择没有对错之分，条条大路通罗马。

祝愿田家君成为推动中国乡村教育公平的坚定力量，成为一支富有使命感的乡村教育创新的创客团队。

2020 年 7 月 6 日于兴隆

师在囧途：乡村教师返校记

十几位来自全国各地的老师，冒着疫情风险，历经千辛，穿越祖国大地，奔赴到贵州的一所山区学校，只为可以按时给那里的学生开学上课。这背后是一种怎样的动力驱使？

"你从上海去遵义兴隆村小学是工作吧？"

遵义机场工作人员边登记边询问我。

"是返校。"

"学校不是还没开学吗？"

"是没开学，但老师要先返校做隔离，等开学。"

"你是支教的吧？"

"嗯，是的。"

一

经历了在飞机上填写防疫信息调查表、下机测体温、扫码贵州110便民服务小程序、扫描身份证填写目的地及基本信息四道关后，我终于走出了遵义机场的关口。

贵州是全国新冠发病较少的省份之一。据当时官方公布的信息，贵州确诊病例仅百余，在我出发前数日，新增病例也一直保持着零记录。走出关口，我长舒口气，自觉到了安全区，但扫一眼大厅，见所有人都戴着口罩，表情肃穆，气氛紧张。接机大厅有戴着防护罩的守卫人员，接人都在候机楼外等。我意识到，全国各地，大江南北，大小都市，乡村城镇，都还处在战"疫"之中。

二

走出大门，我在稀稀落落的口罩人群中一眼就辨认出来接我的余师傅的大眼睛。没有往日的微笑和寒暄，余师傅走过来拎起箱子看着前面说："我的车停在外面了，最近这里查得紧，不让车开过来。"

一上车，他先递上一小瓶酒精让我"消消毒"。

我赶忙脱下手套，在手上喷洒酒精，对他说："你很有本事啊，还能搞到酒精。"

余师傅说："防范工作要做好啊。这是我前几天在超市里抢到的，每人限购两瓶。"

我一边看着路上行色匆匆的人，一边和余师傅聊正安的情况。余师傅说，目前正安虽然恢复了交通，但是县城的社区还是严格管理，他所住的社区规定每人每两天可以出去一次。

我说："那你明天就不能出社区了啊。"

余师傅说："是啊，我就接你和田字格的人哦，现在谁还敢在路上跑噢。"

我内心一阵感动。

和余师傅相识十年有余，他为人热情诚恳，有求必应。这些年来，余师傅也算田字格半个义工了，我在贵州—上海的两地奔波基本都是他接送，几乎所有来正安的田字格的人都是由他负责接送。接送客人时，他会自动担当田字格义务宣传员，帮助学校做宣传。最近，他在考虑等儿子满六岁后送兴隆学校读书。

三

路上，我注意到原来关于脱贫攻坚的宣传标语已经变为防控疫情的标语。先看到的标语是：

"打牌喝酒乱串户，染上病毒哭一路"

走了不到十米，又依次看到：

"串门访友不着家，害人害己害大家"

"病毒不认你我他，戴着口罩防范它"

中国农村用标语口号来号召群众的历史由来已久。我想这些标语口号起到两个作用：一是跟百姓宣传，都是大白话，老百姓一听就懂；二是地方政府的一种简单的"汇报工作"的形式。形式简单明了，上级来人一看，就知道政府最近在抓什么工作。

高速公路的车不多，一路畅通。疫情期间，全国高速免费通行。余师傅告诉我，几天前，高速路沿路所有出口，都有村民把守。村民们自发轮岗值班，不让外界车辆进村。我非常理解村民的行为，在偏僻的村落，医疗条件有限，一旦疫情暴发，那可能是灭顶之灾。

路上，我发消息给格林镇中心校领导报告自己即将到达，并将自觉遵守14天在校隔离的规定。同时，发消息给老师们说，我已经在回学校的路上了。

四

2月17号，我接到上级指令，要求外地教师包括田字格教师返校进行14天隔离，等待开学。

田字格是个公益机构，目前有14位全国各地招聘的非编制教师，在贵州正安县田字格兴隆实验小学服务。这些毕业于国内一流大学的年轻人怀揣着推动乡村教育创新的梦想，从全国各地而来，聚集在这间偏远的不到百名学生的村小，践行乡土人本教育。他们分别来自东北、江苏、湖南、上海、山东、四川、重庆、新疆等地。按照规定，重庆属于重灾区，两位重庆老师暂不返校。其余12人，经讨论商议分四批陆续返校。

我觉得有必要在这里记录每位老师曲折的返校经历。这些经历在平常时期淡如清风，在疫情期间却意义非凡。

从常州返校的小王选择直飞，这样可以减少人员接触。但这个选择意味着一周之内她只有三个航班可以选择。于是，她不得不提前离家，在无亲无友的贵阳独住一夜。我想，这一夜，小王的爸妈会多少有点担心，毕竟她还是一个刚大学毕业的女孩子。

从山东曲阜返校的美美、从安徽阜阳返校的亮亮和从辽宁锦州返校的璐璐，都需要先坐车，再辗转多次高铁、飞机，才能到达贵阳。美美说，她一路很紧张，不敢多喝水，不敢上厕所。

从成都返校的段老师，为了绕开重庆，不得不南下取道贵阳再折返北上正安。在贵州住了一晚后，他和亮亮老师乘坐从贵阳到正安的大巴时，段老师说，在充满消毒水味的42座大巴上，只有包括他和亮亮在内的4位乘客。

从遥远的新疆昌吉来的宋老师，要先搭车从昌吉到乌鲁木齐，从乌鲁木齐飞至成都，再经转六盘水才到达贵阳，12小时，他几乎没有喝水吃东西。

张老师从长沙返校的经历似乎最简单，高铁到遵义后包车返校。但到校后，她却一连接到五个不同部门的询问电话，了解核实她的情况，并被通知做核酸检测，因为她来自湖南长沙。幸运的是，她的核酸检测结果是阴性。

户口在上海、春节也未离开上海的田老师，出发的时候就做好了被"盘查"的心理准备，因为她原籍湖北，身份证号也是42开头。所以，从办理登机到离开机场，一路享受了被"关注"和"关怀"，填写了各种表格后，才通过贵阳安全检查。

陈老师是贵州务川人。她19日最早到校的，自称是"午夜逃离"。因为19日贵州宣布交通解禁，但她又听闻可能要再封城，于是连夜叫老爸开车把她送到学校，一路担惊受怕。

王强和小韩老师的返校经历可被称为疫情期间的"囧途记"。

春节前，我们的计划是田字格老师们2月5日返校备课。王老师家在

长春,他决定早点儿出发自驾返校,他说:"老师们2月5日返校时,万一正安没有车了,我还可以开车接你们。"1月27日大年初三,他一早离开长春,当时"长春还满大街人,加油站还要排队加油"。他给正安的朋友打了电话,对方确定正安没有封路。开车到山海关时,新闻报道:多省已启动重大公共卫生事件一级响应。一路向南开,车越来越少。28日开过山海关,风声渐紧,但是路上还可见车辆,一直开到天津,未遇关卡。但是,29日一上路,王老师就感觉不一样了:几乎没有车了!开始有关卡了!当他开到山东日照五莲县韩老师的家乡时,韩老师所在的村庄正在封路。老乡一边堆土一边跟韩老师说:"走了就别回来了,不让进了。"两人一路西行,经过日照、郑州,还有酒店可住,但沿路每遇关卡就需测温。30日,两人到达西安,已经找不到一家开业的酒店,最后他们夜宿安康市。31日,两人一早出发,不敢停留重庆。随后他们电话正安朋友,对方再次确认可以进正安。于是两人一路狂奔,终于在晚6点到达正安。而正安却已在当晚5点宣布封城!此时,他们已经饥寒交迫,身心疲惫,最后只能在休息站凑合了一晚,次日凌晨继续驱车,前往贵阳。后面见管控更严,他们只好乘机返回长春。回到长春后,小区得知情况,要求他们全家隔离。

2月20日,刚刚完成长春的隔离,拿到《解除隔离的通知书》的两人当夜又乘机转南京,次日飞贵阳,开车回校继续进行另一个14天的隔离。

五

23日晚9点,我终于到达学校。至此,本校田字格团队除重庆教师外,各自经历封路、被迫改行程、被迫选择高价机票、为安全绕道、带着各种不安、紧张后终于全部返校接受自我隔离。

王老师、韩老师摸黑下来帮我拿行李。他们戴着口罩,自动与我保持一米距离。我走到宿舍楼下,就听美美喊:校长回来啦。于是,很多房间里就传出:"校长回来啦!欢迎加入隔离队伍!"的问候声从不同楼层传出。

虽相互不能见面，但声音却传递着温暖。

我知道，按规定，隔离期间不得聚集。于是，我也冲着楼道大喊：回来啦！大家好！好好隔离，好好保重！

我听到有笑声从楼里传来。

舒了口气，看看阴雨的夜空，我想：

十几位来自全国各地的老师，冒着疫情风险，历经千辛，穿越祖国大地，奔赴贵州的一所山区学校，只为可以按时给那里的学生开学上课。这背后是一种怎样的动力驱使？

这场疫情对每个生命都是一场考验。虽然，比起武汉人、湖北人和一线的医生护士们，我们是幸运的。但时下，哪个中国人不被这场疫情煎熬呢？

每一张口罩后面，都躲着一个不安、焦虑甚至恐惧的灵魂。

面对疫情，谁不怕？

但是，很多口罩后的灵魂还拥有一份责任和担当。我被田字格的老师们感动着，他们克服路途的曲折，克服各种心理上的不安、焦虑和恐惧，义无反顾地返回了学校。

其实，人们有时之所以选择退缩，不是因为眼前的困难有多大，而是因为内心少有一份信念。如果不是因为信念，不是因为责任与担当，老师们不会选择在这个特殊时期以这种种方式返校，而且还是回到一个偏远的山区村小里被隔离。

毕竟，我们都明白，在这个特殊时期，居家最安全，旅行有风险。

2020年2月25日于兴隆

探寻教育本真是寻找自我的过程[1]

各位学员：

大家下午好。

首先，祝贺大家圆满结束三周的体验营活动！

我们这次体验营的主题叫"探寻教育本真"。

过去的三周无论对我还是对团队而言，都是充实的、学习的、成长的三周，甚至可以说有些疲劳。

天气炎热、学习内容多、学员身份及背景不同、时间拉得长——可能都是原因，但我个人认为最主要的原因应该是在过去的三周中，我们有太多对教育的反思，观念的转变，甚至对自我的反思。而这个过程，被我称为"成长"，成长的过程往往是辛苦的，有时候要在事后回看，才能体会幸福和收获。

三周的体验营我个人最大的收获和体会是：教育探索的过程就是一个自我认识和自我蜕变的过程，它辛苦，有时候甚至是痛苦，但是值得。

探索教育的过程首先是一个"自废武功"的过程。

在过去三年的乡土人本实践中我无时无刻不体会到传统思维及教育的禁锢，它不仅禁锢着新教育模式的探索，也禁锢着我们的生活，甚至在某种程度上也影响着新教育人才选拔。

看看咱们团队，名牌大学毕业的学士硕士、有教学经验的教师已经占了绝大的比例。而选拔你们加入乡土人本教育团队的一个考核指标是因为你们是传统教育体制选拔出来的佼佼者。

---

[1] 2019年暑期"乡土人本体验营"结营讲话。

这听起来是不是有点悖论？

事实是，中国现有教育体制一个最大的特点是它的排他性。这让我们在选拔教育创新人才的时候也不得不从接受过所谓"良好教育"的人才库中选拔人才，因为除了这个人才库，我们也很难在茫茫人海中大海捞针。而接受"良好教育的人才"也常常意味着是传统教育体制及思想中成长出的佼佼者。

当然，咱们团队的老师都有一颗追求教育理想的心和勇于创新的精神。我们虽有追求之心及勇气，但我们践行教育探索和创新时，还是难免会有意无意间重蹈传统教育思想的覆辙，因为那是我们唯一经历过、可以依赖并可以借鉴的经验。

所以，在体验营的小韩老师提出要"自废武功"——抛弃在体制教育中学到的功夫，我很有感触，很赞成。

我觉得韩老师能说出这话来，不仅要有勇气，还需要对创新教育有深刻的认识。

这是一个什么认识呢？那就是，我们必须彻底把自己过去的经验抛开，找到真实的自我，找到教育的本真。

先说说，我们要废什么功？

一、先废说教灌输之功

三周来，我们的老师基本达成了一个共识，就是乡土人本教育是一种美好的教育，实施这种教育的最佳途径是要对孩子少说教，让他们多体验，带着孩子通过体验、探索激发孩子自己的好奇心、求知欲，而不是只灌输知识。

我们接受的教育基本是填鸭式的灌输教育。这种课堂是由老师主导，老师说，学生记，老师讲，学生学。我们看到的一些优秀的公开课示范课也没有脱离这种范式。当然，一些非常优秀的教师灌输时会不露痕迹，灌

输技巧也有高下之分，但是脱离不了老师要教、要说的出发点。

做实验教育，这种灌输的功夫要先废掉。因为它和乡土人本以学生为中心的理念完全不符合。乡土人本主张激发学生学，陪伴学生学，帮助学生学，老师要从教室的主角变为配角。

二、废教"知识点"之功

中国人对知识的崇拜由来已久，这和我们对读书人的崇拜是分不开的，"万般皆下品，唯有读书高"这句话就表达出这种思想。

因为崇拜知识，我们对教师的期望也寄托在其对知识的传输上。在撰写教案书写教学目标时，我们必须牢记要教什么知识点。

虽然，在国家课程标准上，有知识、情感、价值观的维度，但是老师们自然会觉得知识技能维度要高于其他维度。很简单，因为考试是要考知识点的，你是否是个善良的孩子，是否是个懂得关爱他人的孩子，都不在考试范围之内。

但是，乡土人本教育建立的出发点是以孩子为中心。

体验营做的第一件事是讨论乡土人本教育孩子的画像。我们会发现，在孩子那颗茂盛的生命之树上，知识技能只是其中的一个枝杈，而这棵树的主干则是学会做人、学会共同生活、学会学习和学会做事。

为了能培养全面发展的孩子，激发孩子的潜能，我们甚至可以先废了灌输知识点的武功。

我们要发自内心地相信：我们要帮助孩子获取学习的意义，孩子构建的知识体系要来自他的生活，并用于生活。当我们做好前期的激发和体验时，当孩子拥有了探索及求知欲望的时候，知识会像泉水一样涌向孩子的脑海。

三、废"自恋"之功

很多时候,我会觉得老师是一个很自恋的群体,就是我们"好为人师表",好指点迷津。

师者,传道授业解惑也。站在讲台上,我们会觉得自己比孩子懂很多,比孩子知道很多,比孩子更有权威。

我把这种行为和态度定义为一种"自恋"。

真不好意思老师们,为人师表这句话过时了。古时候,知识文字掌握在少数人手里,能识文断字的人不多,现在不一样了,高手在民间。

今天,成为好老师的出路是"以童为师",观察孩子、向孩子学习。老师要学习孩子的"真",学习孩子是如何探索世界的,学习孩子是如何从他的周边世界构建自己的经验和学习的,然后我们要成为帮助孩子成为他自己的那个人。

探索教育本真的过程是一个寻找自我的过程。

有老师可能会问,这些功都废了,我们如何当老师呢?做创新教育的老师与传统老师相比要更勤奋,更刻苦,因为我们不仅要花更多的精力废武功,还要自己探索学习新功夫。

四、先练自主学习之功

三周来,老师们颠覆最大的观念应该是:教师的基本功不是练好如何教,而是练好如何帮助孩子学会学习,而自主学习是学会学习里最重要的一个能力。

我们先看看我们这三周都做了什么?

我们自己讨论了乡土人本教育下学生的画像,以此为依据我们梳理出乡土人本的教师画像,再以此为依据,我们讨论出自己的培训需求及培训计划。

三周的时间里,除了必要板块我们外聘了老师,其余大部分时间是自

己制订计划、学习、找资料、总结、讨论、评估、反思,忙得不亦乐乎。我们再看看今天各位老师精彩而深刻的汇报演出,就能知道我们在期间的收获有多么丰厚,成长有多么巨大。

而我们经历的学习过程就是自主学习过程。这个过程也是我们希望未来孩子可以经历的过程。

我坚信:不会自主学习的老师一定培养不出可以自主学习的孩子。而自主学习、终生学习才是未来孩子最需要拥有的能力。

五、再练反省之功

在过去的三周中,我们六次推翻培训计划。推翻前次的计划是痛苦的,因为它意味着辛苦、意味着耗时,也意味着某种否定。但是,这也正是我们团队了不起的地方,因为,每一次反省、每一次否定都意味着一次成长。

有成长动力的人才能成为好老师。

六、还要练"寻找自我"之功

再次请大家回顾过去的三周,我们去森林探秘,我们练习体验,我们每日晨礼暮省,每日对教育哲学、教学方法进行反思,这个过程其实是一个找寻自我的过程,是一个求真的过程,也是一个返璞归真的过程。

当我们去丛林探秘的时候,我们可以体会到那片小森林中充满了生命的智慧,这个智慧是植物如何在复杂的环境中寻找阳光,汲取养分,如何与万物共生。各种生命以智慧判断周边复杂的环境,选择自我生存的方式。

我们期待每一位老师都可以寻找到自己的生命天地,找到那个藏在内心深处的"我",它是多么的善良,多么的渴望成长,多么具有反思而又充满追求的"我"。

在乡村教育探索的路上，成就一个真实的自己，成就一个最好的自己，也就成就了教育本身。

因为教育是关乎成长的一个过程，只有教师成长了，才能激发孩子的学习兴趣；只有教师学会自主学习才会带领孩子自主学习；只有勇于探索的老师，才会带出勇于探索的孩子。

当我们说教育是以生命唤醒生命时，我很难相信，一个没有唤醒自我的老师将如何唤醒孩子的生命？

我相信，每一个大人心中都住着一个孩子，这个孩子善良、充满好奇和求知欲；而每个孩子心中也都住着一个大人，他渴望得到认可，希望得到尊重与平等。

成长就是在成熟的过程中不放弃住在心中的那个孩子。

教育是一场场对话，让住在老师心中的孩子与孩子，让老师与住在孩子心中的大人对话。教师的任务就是搭建一场场对话发生的场景，帮助孩子成长为自己。

在这个过程中，老师也成长为自己，找到自己。

七、也要练"团队合作协助"之功

探索乡村教育的路不是一个人可以走下来的。我很高兴，在我们每天分享和感恩时，经常有老师说到我们很像一家人，这是对团队最大的夸奖。

我特别想表扬培训组，在六次调整中，没有过多纠结在为什么要调整的问题上。每一次，只要发现了问题就及时开会、及时调整，不管我们已经在前期做了多少的准备工作，为了更好的明天，我们都可以推翻，都可以重来，虽然重来对我们意味着加班和熬夜。

我们这个团队走到今天实属不易，而我们的老师一路走来也越来越懂得合作、互助，也懂得包容，并变得越来越默契。

这是我们团队了不起的特质，它将支持我们继续在探索教育本真的路

上前行。

最后，感谢大家给予我成长及反思的机会。

我一直希望乡土人本教育可以探索出一条共学共创的新教育模式，这次体验营我的收获非常多，成长也很多。我很高兴老师们一致赞成未来的"组课共学"等教师自主学习的成长模式，这表明老师们认识到对教育创新的探索也是教师自我成长之路的探索。

期盼我们的老师未来可以迈着轻盈的脚步，带着热情、探索、学习及反思精神，怀揣着善良、尊重与平等的心，走进坐满孩子的天地课堂，与孩子共同探索乡村教育之路。

2019 年 8 月 21 日于兴隆

兴隆大舞台事件

本周兴隆大舞台的开场并没有什么特别，新亮相的两位主持人面带微笑地走上舞台，先和学生们对口号。

主持人说："同学们，咱们对对我们的口号吧！兴隆大—舞—台！"

台下同学齐声回答："有—才—你—就—来！"

口号一对上，全场学生开始振奋。

"兴隆大舞台"是学校的一个综合分享展示课程。每周五的第四节课，全校师生聚集立人堂，根据主题轮流上台分享自己的学习所得或展示才艺。形式不限，可以以班级、小组、个人不同组合上台，只有一条原则是：人人上台。

因为后天是教师节，所以本周的主题是"老师，我想对你说/唱"。主题名称周一在学校的宣传栏上公布，各班自行准备。低年级的孩子还需要老师辅导，中高年级的则交由学生自主安排节目及内容，自己完成排练。

我很期待中高年级的节目，想看看他们会给老师带来怎样的惊喜。

三四年级上台时。学生们手持讲稿排队上台，表情凝重。先上来一个女生，开始感谢上届的班主任李老师，孩子一边说一边掉眼泪："李老师，你辛苦了，上学期你为我们付出了很多，我的语文成绩提高了。"

三四年级的其他孩子也开始掉眼泪，李老师眼圈也红了，因为她将离开这个班级接手另外的班级。孩子们依次在台上向不同老师说出了自己的心里话，最后集体朗诵了一首自己创作的诗歌《老师，我想对你说》，很感人。

但接下来的事让每位老师始料不及，我则是震撼。

轮到高年级上场时。五年级的任同学上台拿着话筒说:"黄老师,我想对您说:其实我不太喜欢您上的语文课。不过,我很感谢您,您为我们做了许多工作,很辛苦。但,我还是希望您改变一下上课方式。"

话落,他看了我一眼。我注意到会场的气氛有些紧张,冲着任同学点点头表示鼓励,并说"同学们可以直接表达自己的想法。"

我话音未落,陈同学上台接下话筒说:"黄老师,我也不喜欢你的语文课,我希望你能改变一下上课方式。我希望每节课一上来您不要直接让我们做语文学习单,因为我们需要先学习,好多知识都没有学懂,就不会做。"

我马上走到黄老师边上,轻轻拍了拍黄老师的背。黄老师很淡定,始终面带微笑,我略感安慰。

后面,又有同学陆续上台继续自由表达"老师,我想对你说"的内容,但我则一直沉浸在前面两位同学的发言中,百感交集。

小学生在全校大会上公开对老师提出意见,这在兴隆学校还是首例,怕在全国的小学也罕见。我特别将这件事命名为"兴隆大舞台事件",希望老师们可以针对此事进行讨论及思考。

思考一:自信的老师才能培养出优秀自信的孩子

老师们对兴隆大舞台事件的反应则各不相同,有吃惊,有震撼,也有困惑。我在现场的第一感受则是:我在兴隆大舞台事件中感受到了"尊重、平等、思辨、自信及感恩"。

在大舞台结束后,我第一时间将《乡土人本教育学生画像》找出来,看到四五年级学生的培养目标是这样表述的:

关于沟通,能运用恰当的语气语调与人沟通,能流畅有条理地表达自己的想法。

关于思辨,能够初步分清是非。

关于尊重,能够认识到人人平等,认识到每个人都有独特性并学会包容。

关于自信，能够在公共场合清晰流畅表达、分享、展示。

关于感恩，常怀感恩之心。

看到此，我忍不住为兴隆的孩子感到高兴：他们正是按照兴隆要培养的目标发展！这两个学生的行为表明，他们懂得感恩，直接道谢；他们不畏权威，选择在"老师，我想对你说"这个活动中自信、公开、大胆地、用语恰当地表达了自己的想法；他们懂得将"事"（语文课）和"人（黄老师）"分开表达：我不喜欢的不是黄老师这个人，而是她在语文课上的教学形式；他们的诉求清晰：希望黄老师改变上课方式；他们甚至提出了具体的解决方案：不要给我们做学习单，理由是：我们还没有学懂。

我担心黄老师有挫败感，结束后，马上找黄老师沟通。黄老师是一位有教学经验的北大高才生，来到兴隆后大胆尝试课堂改革，将自主学习融入语文教学。但或许是步子走得有些快，孩子一时没有适应。我问黄老师"还好吗？"黄老师笑笑对我说："学生能这么清晰又中肯地提出自己的想法和建议很让我吃惊。但他们真的很棒。我想，这是咱们学校希望培养的孩子。我希望有时间和您聊聊课程中遇到的困难。"

黄老师言语中透着自信、中肯及坦诚，那是一种掩盖不住的优秀。

兴隆值得我骄傲的不仅仅是孩子，当然还有老师。

思考二：这间学校对孩子成长而言是安全的

学生能在公开场合提出对教师的批评说明学校对他们而言是安全且值得信任的。

我事后也找两个孩子进行了沟通。他们说，他们一听到这个主题就想跟黄老师提这个建议。我问为什么不私下提建议。他们回答说："这是我们想和黄老师说的话啊。"我相信孩子们是经过慎重思考后，才选择在全校公开场合表达自己的想法的。这说明他们一是信任黄老师不会生气，更不会

打击报复;二是信任学校包括校长在内的老师可以一起帮助他们解决问题。后来,我跟孩子们说:提建议很好,但是也要考虑他人感受。孩子们马上表示:"知道啦,校长。"

学生需要在安全信任的成长环境下,才能茁壮成长。如果教师有权威的话,那么教师的权威不是依靠强权建立起来的,而是依靠人格建立起来的。

思考三:教学的最高境界是师生共创

我知道,"兴隆大舞台事件"给一些老师带来了困惑:孩子这样公开批评老师会不会有损老师的形象或权威?以后学生会不会造反?是不是学生提的建议,我们都必须采纳?

我想,有这种想法的老师还是没有彻底接纳"以学生为中心"的概念。

首先,乡土人本教育的师生观里没有教师权威这个概念,而是教学相长,亦师亦友。"兴隆大舞台事件"是一个教学相长的契机,孩子在以他们的方式呼吁教师走进学生中,了解他们的需求。

我曾在兴隆的教师培训中提出:"以童为师"。我以实验证明:很多情况下,我们未必真的了解孩子,甚至采用的教学方式也并非是最有效的激励孩子学习的方式。我鼓励老师们放下身段,不仅要和孩子一起讨论上课的目的、目标、方式方法,还要向孩子学习。

兴隆的孩子不是第一次与教师讨论上课方式了。上学期的乡土课学生有意见,孔老师和田老师利用一堂课的时间和同学讨论课堂中存在的问题及解决方案。孩子们提出的很多方法,在我看来都相当"专业"。孩子们针对上乡土课有学生不专注、课后有同学不完成作业的情况提出的建议是:老师可以在上课时以游戏或活动开场(专业术语叫"导入"或"体验"),留作业要给不同学生留不一样的作业(专业术语叫"分层作业"),要让同学选择自己有兴趣的课题研究(专业术语叫"兴趣引导"),等等。兴隆孩子经历各种新式教学方法，不仅"见过猪跑"还"吃过猪肉"，他们对自己喜欢的教学方式有一定的判断能力，完全可以和老师平等讨论。

其次，我不主张在讨论时以观念或概念压人，这显然不是一种平等且尊重对方的对话方式。比如，我不主张说：我们采用的创新教学形式叫"自主学习"，以前的叫传统教学，好像自主学习一定比传统教学高明。我们老师采用的是不是成熟的自主学习形式尚且不论，就算是，也未必完美有效。老师们采用什么名称的教学方式对孩子并不重要，重要的是，我们需要坚信：世上没有孩子是不喜欢学习与进步的。如果孩子在课堂在学习中有成就感、有收获感、有兴趣，他们一定愿意学习。

最后，我希望老师不要怕学生提意见，甚至要主动邀请学生提意见。当我们把学生的意见视为"点子""主意"时，我们会喜悦地接纳学生的各种"批评"与"意见"。我在多个场合说，乡土人本教育是"师生共同探索"乡村教育创新，这里学生在教学过程中扮演一个重要的角色而不是摆设。我们需要和孩子互动，需要了解他们的想法，甚至邀请他们参与到教学的设计，将教学设计融入他们的想法，师生一起寻找一条适合他们的教育方式。

兴隆大舞台事件是兴隆教育探索路上一个标志性事件，它代表着兴隆的教师与学生已经建立了相当程度的相互信任关系，说明我们关于平等、尊重的理念已经深入师生之心。同时它为我们提出警示：我们要更积极主动地与学生互动与对话。

2019年9月8日星期日

第六章

心中的诗与远方

未来观

斗转星移,知为不知;
生而向光,永探创新;
宇宙浩瀚,智慧穿越;
天地人和,共生共荣;
变乃必然,与时俱进;
止于至善,共享未来。

中国乡村教育有出路吗？

2020年底，长期关注乡村教育的俞敏洪一行来到了田字格兴隆实验小学，我们坐在立人堂聊田字格、聊乡村教育。当时我们的谈话内容有网络直播，其中的一段对话广为传播。

- 俞敏洪："你觉得中国乡村教育有出路吗？"
- 我："艰难，特别艰难。但无论这条路的曙光在哪里，都需要一些人知道，路就在脚下。"

很多媒体在报道时特别强调了：肖诗坚在听到这个问题时"愣了有十秒"。

短短十秒，对那一刻的我来说却无比漫长。

今日回忆，漫长的十秒我还感触良多。

首先，我从敏洪兄询问的口吻中觉察到了一丝悲观及迷茫，所以，我即刻给予了回应，表达了坚定的决心和积极的心态。

其次，中国乡村教育是否有出路对很多人而言是个问题，而对于我，一名乡村小学的校长，则如同灵魂拷问。因为寻找乡村教育的出路正是我率领团队下乡办学的初衷。

乡村教育的出路，非三言两语可言说，也非一人之问，而是一次"国问"。这一"国问"是需要我们的时代、我们的民族、我们的国家去正视、去面对的问题，也是需要我们齐心协力去解决的问题。

春节期间，我得空系统地梳理了这些年我对乡村教育的思考，复盘了田字格的乡村教育探索之路，希望通过文字对乡村教育的出路作答。

壹. 乡村学生才是中国义务教育的主体

先看一组来自《中国农村教育发展报告2019》的统计数据：

- 截至2017年底，中国义务教育在校生人数为1.45亿人，其中乡村及乡镇学生人数为9505万人，占义务教育总人数的65%；义务教育学校数量为321901所，其中乡镇教学点有270000个，占义务教育总数的84%。
- 根据《中国乡村教育发展2019》的预测，到2030年，中国乡村依旧会有约1700万小学在校生（不含镇区学生），约有400万初中在校生，甚至在广东这样的发达地区，乡村学校也不会消失。

通过这些数字，我们可以直观地了解到一个事实：乡村学生才是中国义务教育的主体，乡村学校是中国义务教育的基础。虽然乡村学生在减少，但乡村学校并不会消失。

作为一名乡村小学的校长，我看到的是数字背后的千万个鲜活的、正在顽强成长的生命。他们理应在这块生养他的乡村大地上度过健康幸福的幼年、快乐学习的童年、乘风破浪的青少年，他们理应被呵护、被浇灌，以期未来可以建设乡村、回报祖国。

然而，农民后代、乡村子弟这个庞大的社会群体从出生起便默默承受着由于身份、地域等因素引发的不公平待遇。作为义务教育主体的乡村学生，他们的教育问题没有获得应有的重视，教育质量也难以令人满意：

- 我国乡村教师不足300万，仅占教师总数的1/4，负责承担近2/3的乡村学生的教育，致使乡村小学师资比近17∶1，远低于国家平均水平的9∶1。
- 到2020年，我国基础教育才"基本实现区域内均衡发展"，也就

是县域内的基本教育资源的平衡,但主要集中表现在硬件的基本配套。但是乡村教育的质量明显落后于都市,大量学生反映听不懂、学不会,他们以厌学和辍学来结束自己的读书生涯。

今天,以城市为导向选拔人才的教育方式,常常让人们轻视或忽视乡村学生这一庞大教育主体的存在。

乡村学校的凋敝,乡村学校及学生数量断崖式下跌,并非只是都市化潮流带来的结果,有很大原因是乡村教育质量下降及县域学校布局不合理,而后两者都是可以通过国家政策进行调控和干预的。

近年来政府已经在政策上给予乡村教育极大的倾斜,在经济上给予乡村教育相当的支持:投入乡村幼儿园,增加特岗教师,制定《乡村教师支持计划2015—2020》等等,但这些投入的效果并不理想。甚至,我认为,这些投入对濒临危机的乡村教育而言如杯水车薪,从力度到强度到深度都远远不足。抢救先天不足、后天营养不良、严重被忽视甚至长期被城市教育"霸凌"的乡村教育,根本不能拿历史数据做对比,不能谈增长,而应该做横向对比,与都市教育投入做对比。打个比方,对一个经历过饱一顿饥一顿的孩子,只给粥和咸菜是不够的,因为粥和咸菜只能管"饱",但改变不了孩子长期的营养不良,也满足不了孩子成长的需要。

当乡村孩子们在吃粥和咸菜时,城市孩子吃的却是大鱼大肉和山珍海味。以我的亲身经历为例:兴隆田小所在的正安县于2019年通过国家义务教育验收,政府为此投入了1亿教育经费,对近6万义务教育学生所在县城及镇乡学校进行了改造,增添了各种包括班班通在内的硬件设备,每间村小都有网有电脑有专科教室。老师和孩子们为此欢欣鼓舞。同年,我参观了无锡和北京的两所在建学校,得知国家对这两所学生人数为千人的学校的投入也都是上亿元,这两所学校有带温水游泳池的体育馆、摆满画架颜料的美术馆和堆满乐器的戏剧院。2021年初,我参观了海口的一所私立学校Ischool。我得知这所开放式学校的建设投资达20个亿。

贰．乡村教育关乎国家和民族的命运

中国乡村娃的成长及命运关系到这个国家的命运以及民族的命运，因为未来世界竞争的核心不在精英教育，而在大众教育和基础教育。基础教育决定了一个国家的整体国民素质。

联合国教科文组织在2015年的《反思教育：向"全球共同利益"的理念转变》中提出，"优质的基础教育是在瞬息万变的复杂世界中实现终身学习的必要基础；我们必须把新的重点放在教育质量和学习相关性上，放在儿童、青年和成人的实际学习内容上。"基础教育是未来教育可持续发展的核心与关键，而中国的乡村教育则是基础教育的关键。

01 谈人性

乡村教育关乎千万生命未来的生存与发展。也正如《反思教育：向"全球共同利益"的理念转变》一文所指出的，教育承载着尊重生命、尊重人格、尊重平等、尊重人的权益和社会的责任。乡村娃无论人数多寡，他们都有权利享受这个国家应该给予的教育，何况他们数量如此庞大，更应该给予更多的重视。

02 谈社会性

我们这个拥有15亿人口的大国有多于五亿的农民，他们不仅依靠土地为生，也以土地供养着这个国家。农民及他们的后代理应被善待，至少，他们有权利得到平等的教育资源及教育机会，甚至政府给予特殊的政策倾斜也不为过。这种政策的倾斜不单单是降低多少高考的分数，而是结合乡村特点给予乡村教育特殊的政策，以培养特殊的乡村建设所需人才。

03 谈民族性

农民依然以他们生活的居所、以他们特有的生活方式传承着中华民族的文化。我们背诵的诗词歌赋，经典古文，我们引以为傲的民族文化，无不是从土地中长出，我们今天欢庆的每一个节气节日也都是在泥土中长出来的。失去乡村教育，割裂乡村，让城乡二元对立，这个传承了五千年文

化的民族也就失去了根。我很难想象在钢筋水泥的建筑中可以真实感受到"千江有水千江月"的意境。

04 谈世界性

民族的才是世界的,做好中国的乡村教育就是做出中国教育的世界性。中国要想成为教育强国,绝不能以牺牲乡村教育为代价,相反,强大中国乡村教育能强大中国教育特色及中国教育的世界性。

放眼世界,发达国家在都市化发展过程中都无一例外地遇到了乡村教育发展的困境:生源减少,财政不足,师资匮乏。但是一些欧美国家早已把发展乡村教育提高到乡村振兴的高度,提高到国家发展层面。美国甚至在20世纪初就把农民作为公民的乡村教育目标,政府及时给予了乡村教育各种政策的倾斜和干预。20世纪60年代的美国乡村学校也经历了撤点并校的阶段,但专家、学者、家长及政策制定者痛定思痛,反思撤并的负面影响,于是有了90年代的"恢复乡村学校的运动",政府增加经费,还原乡村学校。今天,乡村学校在美蓬勃发展,数量逐年增加。

叁. 中国乡村教育的出路何在?

我们回到俞敏洪的问题,乡村教育究竟有出路吗?

十多年乡村教育出路的探索、四年乡土人本乡村教育新模式的实践告诉我:解决中国乡村教育的凋敝,不是走城乡教育一体化的路,而是走城乡教育差异化的路。我们要承认城乡差异,将差异转变为优势,围绕村庄特点展开乡土教育、在地化教育,以乡村教育带动乡村振兴。

01 乡村教育的出路在乡土中

目前,中国乡村最大的缺口是农民及后代对乡土、乡村缺乏归属感和认同感。当下以都市为中心、为导向的教育体系,让乡村后代接受的是以"自我否定"为核心的教育。乡村儿童要成长就要不断地否定:否定出身、否定生长环境、否定乡村及土地。他们被教育说:要改变命运就要离开乡村，要拥抱都市文明就要走出大山。离土离乡成为改变命运的代名词。

试问，当乡村教育以自我否定为核心内涵、以为都市输送人力为目的，乡村教育有什么出路可言？

乡村教育的出路必须在乡土中寻找、乡村中寻找、在乡村的现实中寻找。

中国传统文化有"根"的情节，落叶归根，告老还乡，这个根就扎在乡土中。寻根、归根不仅是对归属感、认同感的追寻，更是在追寻中回答"我是谁？""我要去哪里？"的人生终极问题。教育的终极目的就是回答人的终极拷问。一方水土养一方人，不同的乡土孕育出不同的子孙后代，陕西汉子和江南小生虽都是中华后代，但性相近、习相远。根的教育、一方水土的教育，也就是乡土教育。

关于什么是乡土教育和乡土教育缺失的问题，早在70年前，潘光旦老先生在《说乡土教育》一文中就曾指出："近代教育下的青年，我们如果问他，人是怎么一回事，他自己又是怎样的一个人，他的家世来历如何，他的高曾祖父母以至于父母的前辈，是些什么人，他从小生长的家乡最初是怎样开拓的，后来有些什么重要的变迁，出过什么重要的人才，对一省一国有过什么文化上的贡献，本乡的地形地质如何，山川的脉络如何，有何名胜古迹，有何特别的自然或人工的产物——他可以瞠目咋舌不知所对。个人家世除外后，其余的问题都属于所谓乡土教育的范围。"

随着都市化、全球化的浪潮和教育一体化、标准化的推进，乡土教育愈发稀缺并愈发珍贵。如今的孩子们在教育中迷失方向，他们找不到根，没有归属感和认同感。如今的教育困境，例如教育内卷、小镇做题家等问题，其最深层的原因其实是我们的教育是没有根的教育，我们的教育飘在空中，老师不知道为啥教，学生不知道为啥学。

根的教育，也被西方学者称为"在地化教育"（place based education）。具体到乡村，在地化教育包括村落及地区的自然、环境、文史、经济、艺术、民俗等。学生需要进入村庄的真实情景中，认识、了解、学习自己的家乡。如此，不仅让学生渐渐了解"我是谁""我从哪里来"，也会进一步

培养学生对家乡的热爱。乡土教育若能和解决乡村实际问题相结合，那么学生就可以将学习与日常生活与真实世界相连接，以帮助村庄进一步发展、共同过上美好生活为学习动力与动机。

乡土教育，也就是在地化教育，目前已融入世界众多国家的教育内容，特别是乡村学校，在地化课程已成为实践综合的主要课程，融合生态环境教育、乡村教育等进行。

在国外，一些地方的在地化教育贯穿了中小学甚至大学，学生在综合学习中解决本地问题，为乡村振兴出谋划策，也为附近都市的儿童解决了"自然缺失综合症"等问题。我曾参观过日本以开放教育而闻名的白川村学园，令我印象深刻的不仅仅是教室空间的开放，更重要的是校园的开放。虽然从物理意义上这间学校依然有围墙，但它却是一所名副其实的"村庄中的学校"。一进教室，映入我眼帘不是学校公约而是村民公约，据说教师的聘用需经村委会的讨论，我在村博物馆看到了学生关于村庄调查的小论文，在村口遇见学园初中生正为游客导游。白川村学园的毕业生也会走出白川村上大学，但其中也不乏有回村执教的年轻人。

我想，中国的乡村学校若十之有一二能够开展乡土教育、在地化教育，那么中国的乡村教育就有出路。

02 乡村教育的出路在山水之间

环境教育、自然教育正在成为国民教育、素质教育的重要内涵。自然教育并非简单地教育儿童尊重自然，而是培养学生对自然的感知，让人与自然融为一体，让身心成为自然的一部分。

就环境教育而言，乡村学校有其天然的"地缘优势"。乡村教育的学生抬头看见满天繁星，低头闻到花香草清，伸手摸到花叶枝条，迈脚踏在乡间小路。大自然是上天给予乡村教育最好的礼物，是那些患有"自然缺失症"的都市儿童和家长们所望尘莫及的。我们唯一要做的是珍惜上天的馈赠，把自然资源转换为教育资源。

以田字格兴隆实验小学为例，我们的学校在风景美丽的山区，群山跌

△参观日本白川村学园和所在村庄

宕，云雾缭绕。我们课堂也常常在大山中进行，老师带学生认识花草茶，找寻动物，写诗作画。孩子以自然为师，在和自然的生命对话中，学习生命，认识自然，认识自我。这种得天独厚的天然课堂，这种深入自然的教育，将是未来教育的核心内容，因为未来教育的重点不在于人能掌握多少知识，而是人能在知识浩瀚的海洋中，找到"我"如何与自然、与环境友好相处。

格物才能致知。我们在书本上学习知识，在乡土中获得力量，在自然中习得智慧，如此我们的后代才能成为一个健全健康的人。

03 乡村教育的出路在小规模学校中

根据《中国乡村教育发展报告》，截至2016年，全国不足百人的小规模学校共计12.31万所，其中，乡村小规模学校有10.83万所，占乡村小学与教学点总数的56.06%。

乡村教育要有出路也需要面对并接受乡村学校以小规模学校为主体的现实。留在乡村学校的孩子常常是没能力没条件走出去的孩子，这些孩子也有权利享有高质量的教育。

但规模小常被一些人认为是乡村教育发展的羁绊。有一些人为村小"算账"，认为投入村小经济效益低，投入产出比不高，不划算。他们更主张和点并校，发展乡村寄宿制学校。但教育不是工厂，不能简单地计算投入产出比。教育是育人，育人的前提是尊重生命并追寻教育的本质。教育本质是要培养出健康幸福有担当的后代，拥有数千万幸福健康的农民后代是国家最大的财富，这不能以简单的投入产出比来计算衡量。

21世纪教育研究院院长杨东平长期呼吁建设"小而美""小而优"的乡村学校，他指出"在教育现代化的维度上，小班小校将是未来学校的发展方向。德国、英国、芬兰等欧洲国家小学的学生定额就是150人左右，规模很小，一条街上有两三个学校。台湾地区20年前开始的教育现代化运动，明确地把'实现小班小校'作为教育现代化的目标"。

小班小校的优势在于利于"人本"教育。小规模学校里师生比高，教学空间大，小组讨论、体验式教学、户外教育等多种教学形式便于展开。所谓自然教育、乡土教育也都更适合在小规模学校中展开。

肆．振兴乡村教育需要一场你我参与其中的运动

推动乡村教育需要掀起一场人人参与的社会运动。

最近国家刚刚成立的"乡村振兴局"让我们一线的乡村老师为之振奋，这是一个强烈的信号：乡村振兴不仅仅是在国家政策层面，而且还将有更具体的行动。县域、区域教育应该依托乡土建立独特教育生态圈，打破以成绩、升学为唯一考量的标准，打破"统一化""标准化""一刀切"的思维定势，给予乡村学校更大的生存和生长空间。

乡村教育振兴当然还需要乡村教师的积极参与。任何乡村教育改革创新都需以激发本土教师的教育热情为前提，因为他们是推动乡村教育的源动力。

> 乡村教育振兴也是一场人人参与的社会运动，必须有怀揣理想的知识分子、社会精英愿意脚踏泥土地参与其中。因为，任何社会进步的推动都需要有人引领，有人赴汤蹈火。早在20世纪三十年代，就有梁漱溟、陶行知、卢作孚等教育大师开展过乡村建设运动、平民教育运动，一批仁人志士投入到乡村教育与建设中，今日更有教育家如钱理群教授、社会精英如俞敏洪、大批社会公益人士、志愿服务者投身到乡村建设与教育中。乡村教育呼唤心怀诗与远方、勇于担当的志愿者加入，这是时代的呼唤也是民族的召唤。
>
> 我相信，未来中国最好的教育会发生在乡村。在小校小班的教育形态中，师生以天地为课堂，远取诸物近取诸身，心灵被自然滋养，课程在大地中孕育，孩子在乡土中增长智慧；学校连结着村庄，学生在解决村落问题中培养能力，在村落服务中养成责任与担当；网络打

破了与世界隔离的村校，让对话、学习、交流可以随时隔空发生。

这种在乡土中孕育，在人本中滋养的教育是属于未来的教育，是属于乡村独有的教育，也是最好的教育。

乡村教育大有可为。

2021年3月1日
上海

让科技富有生命[1]

今天,我希望和大家探讨教育与科技的话题。

2017年前我们学校就是一所普通的村小,没网络,没班班通,也没有我们这些志愿教师。今天,我们学校成为了一所在乡村教育创新领域广受关注的乡村实验小学,那么科技在这个过程中扮演了什么角色呢?

进入话题之前,我先分享两个故事:

这是一位一年级的小朋友创作的作品,叫《我想念你,妈妈》。她在故事里说:"妈妈去打工了,再见;下大雨了,妈妈来接我;我和妈妈在一所

---

[1] 1.2019年11月26日,"GES2019未来教育大会"在北京举办,肖诗坚作为田字格兴隆实验小学的校长,受邀参与"主论坛圆桌——变速变革时代下的基础教育"环节,并在会上发表主题演讲。本文为演讲全文,略有增删。2.GES未来教育大会创立于2017年,每年11月—12月在北京举行,由中国发展研究基金会,北京师范大学,腾讯,全球硅谷投资公司(GSV),新东方,好未来共同主办,亚利桑那州立大学(ASU)提供学术合作支持。今年,GES 2019未来教育大会在特邀合作伙伴联合国教科文组织(UNESCO)的参与下,以"学无止境·教育为公"为主题,聚焦全球教育的创新、交流与合作;反思教育现状,探索教育面向未来的发展之路;关注教育与科技创新、教育的需求与供给,以及全球教育可持续发展。

大房子里,坐在沙发上聊天。"

看了这幅画,我泪目了,因为我知道这一切都是小女孩的幻想,她的妈妈在她两岁时就远走他乡,只偶尔通过视频和她沟通。这个女孩之前告诉我,她不喜欢妈妈,但是看到这幅充满了对母爱渴望的画,我明白:孩子不是不喜欢妈妈,而是不喜欢视频中的妈妈,因为视频中的妈妈不能在下雨天打伞接她,也不能坐在沙发上和她聊天。

对幼小的孩子而言,再频繁的视频沟通也抵不过一个温暖的拥抱。

这些孩子在做什么?他们在学校围墙外蹭网,甚至夜不归宿。为了不让孩子沉迷网络,老师们经常要和孩子们斗智斗勇,一次次更换密码,孩子们一次次破解。斗争还在继续,胜负未分。这也许是网络科技在乡村的副作用:网游、抖音等对这些缺少成人陪伴的孩子们而言,无异于精神毒品。

我想用这两个例子说明:一,现代科技手段并没有从根本改变乡村儿童缺少关怀与陪伴的现状;二,科技产品若不能被善用则可能被滥用。

投资硬件,网上课堂,城乡同步教学,数字乡村发展战略,这些听起来都很鼓舞人心,但是如何才能将这些巨大的投资有效地赋能乡村教育?乡村教育中流传这样一种说法"硬件太硬,软件太软",硬件硬到乡村教师不会用,软件软到再好的设备也不能用。

回到我们的学校,我们在这所山区学校实践一种叫"乡土人本"的创新教育,它从这四个维度培养热爱家乡、敬爱自然、回归人本、走向未来的新一代乡村子弟。

四个维度中没有科技这个维度，但是我们深知培养走向未来的乡村子弟，一定会使用现代科技手段并教会孩子善用科技。

但是，我们也坚持：科技手段要服务乡土内涵，不打破万物为师原则以及学生为本原则。

兴隆学校有丰富的课程，并大量使用远程教学利用网络资源，甚至开设有编程课。

我们请北京天文台、上海复旦大学的专家教授远程给孩子上天文课，主题是"夏日兴隆的天空"，我们还与"创益编程"团队合作开设编程课，也是围绕乡土主题。

网络也改变了我们的"教与学"的观念与关系。"自主学习"是学校重要的培养目标及方式，它发生在学校的每个课堂、每间教室。当然，我们也让孩子透过网络走出大山，与外界互动，同时，也让世界了解我们的孩子和他们的家乡。

让科技乡土化，为教育及教学服务，帮助学生认知自我、了解世界，让科技滋润生命，并助力培养出有自信且热爱家乡的孩子。

经过三年的实践，我们取得了一点成绩和成效，也有县城的孩子转到我们学校读书。这一点点成绩的取得，我认为最重要的不是因为依靠科技手段，而是因为人：我们拥有一批有教育情怀、以学生为本的教师。教育的核心永远是人。

田字格的愿景是希望乡村孩子都可以在他们的家乡享受好教育。中国的好教育好未来的画面里不能没有6000万留守儿童，赋能教师的计划也必须考虑800万乡村教师。为了我们的好教育、好未来，为了让科技赋能教师，我们要培育教师。就科技教育而言，我们要培养乡村教师富有人文情怀的科技观，让科技富有生命。田字格一直走在推动乡村教育公平的路上。

2019年11月26日于北京

我与孩子们的诗

乡土人本教育的魅力在于它赋予教育以生命。它让身在其中的师生无时无刻不在感受着生命的激荡及无穷的创造力。师生共同创造美好生活,也共同创作优秀作品,我们一起让生命丰富而有价值。师生创作了太多的优秀作品,限于篇幅仅收录有限几首。

《生命的诗》二首

作者/肖诗坚

生命、死亡与正义的邂逅

生命
是星星串起的念珠
念念不忘指尖的过往
死亡在过往间穿梭
传递生的渴望

星星
是夜幕中的冰山
蕴藏着太阳黑子
闪烁着死亡的不安
等待黎明升起的正义之光

正义

是每一次过往中的善念
编织着生命的北斗
点燃每座冰山中的黑子
拷问灵魂的去向

灵魂
是死亡的生命
追逐穿梭的时光
随时葬身在时光的消逝

那些邂逅正义的灵魂啊
幸运地奔赴那场生与死的约会
缠绵兮炽烈兮壮美兮
唤出日月与天地同辉
演绎生命自由的涅槃

夜幕低垂
众星祈问苍天
何时邂逅正义?

生命的影子

孩子打开一扇门
让影子追逐阳光
让灵魂亲吻爱恨

晚霞中的蒹葭
如随风跳动的火焰

调皮地嘻哈

如初吻般喘息

疾风骤雨后

平静的水面

倒映着人间的海市蜃楼

水下涌动着

污泥的回眸

追光的孩子看着镜子

透过五彩和污泥的影子

看到汩汩清流

他说,那是他的光

边上的孩子笑说

那是影子的光

雾

作者/吕弘毅(2019春二年级)

我对雾说:"雾,你早上起来是什么时候?"

雾说:"我早上起来是六点,你呢?"

"我七点起床。"

"雾,你最爱吃什么?"

"我什么也不吃。你呢?"

"我最喜欢吃玉米,土豆和火腿肠。"

"雾你从哪里来?"

"我从天上来。你呢?"

"我从妈妈的肚子里生出来的。"

长大以后(节选)

作者/2019春三宝班(一二年级)集体创作

长大以后

我想当一名老师

因为

我想让学生学会倾听

长大以后

我想当一名植物学家

因为

植物可以把坏空气变成好空气

布狗狗

作者/陈思同(2019秋一年级)

小狗我爱他,

等他来我家。

等啊,等啊,

妈妈回来了,

小狗不见了。

噢——

原来是个布娃娃!

会飞的蚱蜢

作者/王娴雅（二年级）

蚱蜢蚱蜢睡大觉，

突然做了一个梦，

梦见自己会飞了。

等它醒来是假的，

起来继续乱蹦跳。

突然一只小鸡来，

一口把它叼走了。

蚱蜢只好在鸡肚子里睡大觉。

蚱蜢又梦到一个梦，

梦见自己出来了，

结果，

蚱蜢醒来在鸡里乱蹦跳。

呼吸

作者/王饶（2019春五年级）

蜜蜂呼吸的时候

呼出来的

是心肝甜蜜酱儿

云朵呼吸的时候

呼出来的

是一颗颗晶莹剔透的雨滴

太阳呼吸的时候

呼出来的

是刺眼的光芒

朋友

作者/2019春三宝班（一二年级）集体创作

一个人害怕的话，
两个人就不害怕了
一个人吃不完的东西，
两个人就吃得完

如果是朋友，
那就要和他一起玩耍
如果是朋友，
那就不要打架

朋友就是教我读书的人
朋友就是你的作业没做完一直等着你的人

家

作者/王正宇（2018春五年级）

我亲爱的家，
你现在在哪里？
你在这个世界吗？
你是什么颜色的？
你现在是什么样子的？
我出生时是否住在这里？

我亲爱的家，
你现在在龙塘。
你还在这个世界上。

你是五颜六色的。

你现在是很美丽的。

我出生就住在这里。

是你一直陪着我，

是你给了我快乐。

是你给了我住的，

是你一直陪我成长。

虽然你很小，

但是没有了你，

我也没有住的，

没有你，我也没有快乐的生活。

没有你，我也不一定有今天，

没有你，我就只能在黑暗中生活。

我爱你，我最亲爱的家。

我是露珠

作者/陈红梅（2019春五年级）

我是露珠

是一滴小小的露珠

是谁也看不起的露珠

我的快乐，给大地

我的温暖，给小朋友们快乐

我给在沙漠的小朋友下雨

我给不可以生长的小花解渴

我是露珠

是一滴小小的露珠

是谁也看不起的露珠

不要战争

作者/陈云龙（2019春四年级）

孩子的心里，

本该是他思考的地方，

可是巨大的阴影黑云，

打破了宁静！

我不愿看到这一切。

孩子的梦乡，

本该是他幻想的乐园，

可是亲人悲痛的面孔，

占据了回忆。

我不愿看到这一切。

所以，

战争中的孩子们：

不要害怕，

不要伤心，

你一定能从阴影中走出。

秋天的颜色

作者/易娜娜（2020秋三年级）

秋天把绿色送给了大山，

大山非常喜欢这个颜色，

便给秋天一个大大的拥抱。

秋天把棕色送给了山里面的大树,

大树非常开心,

便送给他一个笑脸。

秋天把粉色送给了一朵野花,

野花喜欢这个颜色,

便给了他一颗种子。

小草

作者/任颜颜（2020秋二年级）

小草就是我的小脚尖吗？

小草不是我的小脚尖吗？

它说：小草不是我的小脚尖

我说：小草本来就不是我的小脚尖

小草生来就是小草呢

好吧，小草不是我的小脚尖

它说道：小草生来是绿色的

可不是黑色的

小草生来不是黑色的

小草就不是我的小脚尖

我只是跟它开个玩笑呀

小草生来就不是我的小脚尖

小草就是小草

我只是把小草比作我的小脚尖

远方有多远

一

转眼阿富已经是四年级的学生了。

三年前兴隆办学伊始,我的短文《阿富的童话世界》发表后,引起很多朋友对阿富的关注与关心。三年来,总有人不断跟我询问阿富情况,对阿富的成长充满好奇、期待与关切,毕竟阿富是和田字格实验教育一起成长起来的学生。

现在作为四年级学生的阿富个头不算高,我甚至怀疑他过去三年没太长个,因为两年前的校服穿在他身上只是稍微紧点而已。

阿富的班主任付老师说:"阿富有时候还像个学前班的孩子。"确实,他依然吐字不清,偶尔结巴,大眼睛总是萌萌的。不过,阿富已不再是那个令老师头疼的捣蛋孩子了,他上课积极举手发言,按时完成作业,字也越写越工整,他的英语成绩一直在班上名列前茅。他也不再随便拿别人东西了。

阿富刚入学的头两年很让老师们头疼,因为他总是迟到、不听课、不交作业、打架、拿别人东西、满课堂乱跑。为此,老师不得不经常请家长。"请家长"通常是老师教育孩子时使用的撒手锏。

相比班上其他同学的家庭,阿富家的状况不算最差的,至少他不是留守儿童。阿富母亲长期在家,父亲去县城打零工。跟村里的大部分家长一样,阿富的父母除了自己名字以外,基本认不得太多字,虽然年纪不过四十来岁。每次阿富母亲坐在办公室里,除了抱怨耽误干活以外,总是重复两句话,一句是:"老师,这娃交给你了,有啥子问题,你们使劲打",另外一句就是:"我家娃生来就是这样子,没办法。"

老师们只能决定常去家访,到家里和家长、孩子一同解决问题。

根据我长期对农村孩子及其家庭的观察,我发现如果父母比较能干,孩子在学校基本不会差到哪里去。怎么能看出父母比较能干?家访一次就知道。虽然农村的条件差,水电都不方便,但能干的家长总是会想尽办法把自己和家都收拾得比较利落。而在一个相对整洁有序的家庭中长大的孩子,在学校学起各种礼仪、规范及培养学习习惯会相对容易很多。

每次去阿富家,老师都能看到母亲满身泥土地干活,或是剁猪食或是剥豆子,更多的时候是在地里。阿富妈妈是勤劳的,除了养猪,家里还养了鸡和狗,动物们经常大摇大摆地在房间里溜达,偶尔会撅起屁股方便一下。阿富和姐姐睡一间房,地上经常扔着衣服,看不出是干净还是脏的。

妈妈要干活,自然就顾不上给儿女做饭。有时天快黑了,比阿富大一岁的姐姐会用电饭锅做好米饭,妈妈再炒个洋芋或是青菜,晚饭就对付过去了。如果前一天有剩饭,阿富姐弟会吃早饭,但大部分时候他们"没得早饭吃"。母亲这样告诉我:"我顾不上。"

国家营养改善计划解决了乡村大部分孩子的午餐问题,即使猪肉涨价后看不到太多肉腥的午餐对很多乡村孩子来说也是一日之中最好的美味。家境不好的孩子中午会吃得很多,阿富有时会添三次饭。为解决大部分孩子吃不到早餐的问题,学校和家长协商批发鸡蛋每日煮给孩子们吃。每次阿富吃鸡蛋时,会先闻闻再小口吃,那享受的样子让你觉得鸡蛋是天下最美味的食物。

对阿富的父母而言,生活就是"找活路"。母亲在家照顾地,父亲外出到县城打小工挣钱。地里的收成基本可以保证一家吃饱,城里打工挣的钱攒几年盖了个房子,一家四口能遮风避雨能吃饱,就是生活。

生活尚自顾不暇,自然也没时间操心自己或孩子的未来。每次交谈,我能感受到阿富的父母还是爱孩子的,每当我们表扬孩子时,父母会露出满意的笑容。但当我们提到孩子的问题时,父母会给出诸多理由并表示"没得办法"。

阿富的家长是典型的乡村家长。乡村家长并非不关心儿女的成长,只是对如何教育子女，甚至养育儿女，他们有时会表现出有心无力，更多时候则是既无心也无力。

乡村家长的无心无力让乡村教育承载了更多非传统教育意义上的功能。学校不再是一个单纯学习的地方，而是一个生活的地方。乡村孩子需要在学校的生活中学会学习、学会做人、学会做事。

田字格兴隆学校有门"日修课"，就是让"阿富们"坚持每日在仪式感和规律性活动中体会、学习并养成良好生活及学习习惯，尚礼仪、懂礼貌、负责任。日修课有一个重要环节是每天早上的"晨礼"。在晨礼仪式前，"阿富们"要相互检查是否洗手、洗脸、洗脖子，衣服是否洗干净了，是否整齐穿戴校服佩戴校徽。这些基本礼仪，是"阿富们"的父母无力给予的，但它却是教育的基本前提，也是做人的尊严。

四年级的阿富依然有着天真烂漫的笑容，那双机灵的大眼睛依然闪着光。阿富的诗里闪烁着他的聪明与灵性，阿富的美术创造也经常让人惊艳。老师们在小心呵护他天性的同时，引导着他的成长，让他感受做人的温暖与尊严，同时也懂得更关注他人感受、尊重他人。

二

学校里更多的留守儿童没有阿富幸运。他们的父母或者外出打工，有些甚至一年到头杳无音讯。孩子不得不长期跟随爷爷奶奶生活。

留守的爷爷奶奶年岁已大，自顾不暇，除了会照顾农活其他都不会做。干农活很辛苦，特别是对手脚不灵活动作缓慢的老人家。早上天亮下地，晌午回家自己煮点饭菜吃，喂猪，洗洗涮涮就到了傍晚，这时要赶在天黑前再去地里干活，这是留守老人的日常生活，而且是非农忙时的生活。老人忙着照顾地和猪还有自己，孩子就只能自己照顾自己。早上起来有剩饭就吃一口，没有吃的，洗一下脸就上学去了。晚上回到家，大人还在地里，孩子一般都会把米饭焖上，然后开着电视一边玩一边等大人回来炒菜。

和阿富同班的小丽是个留守儿童。小丽的家离学校很远，走路要四十分钟，一户人家孤零零地住在一个小坝子上，周围没有邻居。姐妹和爷爷奶奶四人，平日里抬头看山，低头见地，八目相对，满是无奈与无聊。爷爷奶奶因不满儿子把孙女丢家里，所以对孙女很不好，说话除了不满就是怨恨，姊妹就以沉默回应。远处的村民见到有老师来家访，也会大声说娃："她们不说话的。"姊妹听多了，更是面无表情，不做反应。第一次去家里，老师拉着姊妹的手问她们叫什么，娃只是看看，不回应。那时，我怀疑小丽可能有交流障碍。

小丽6岁多来兴隆上一年级，带着一个比她小一岁的妹妹上学前班。那时她们总迟到，而且常常一迟到就是两三个小时。记得小丽第一次迟到时，老师们紧张坏了。当时老师致电爷爷询问孩子怎么没来学校，爷爷说孩子天刚亮就走了。9月的贵州大约六点天亮，打电话时已八点。小丽家路远，两个小孩一个6岁多点一个5岁，老师们开始着急。等到八点半还不见孩子踪影，老师们决定出校门沿着小路寻找。

去小丽家的山路弯弯曲曲，开始的土路又窄又滑，边上就是池塘。姊妹俩也就五六岁年纪，每日独自在这山路中行走两个小时，实在让人放心不下。走到半路，我们先听到笑声，寻笑声远远看到姐妹俩正开心地在地里抓蚂蚱。老师们心里一块石头落地，隔很远喊她们名字："小丽，你们不知道要上学吗？"两个娃懵懵地看着我们，好像不知道发生了什么事。那一刻我明白，她们还没有时间的概念。上学的山路上有太多的诱惑，地上的草天上的云，水里的鱼空中的蚂蚱都是她们的朋友，而她们既没有手表，也不会看天色，一玩自然就忘记上学的事了。不过，那次我们惊喜地发现她们姊妹之间是会有语言交流的。她们只是不愿或不敢跟大人交流，或许她们与大人曾有过不愉快的记忆。

让小丽开口与我们交流大约用了一年的时间。兴隆学校是一个充满爱与温暖的学校。在这个宽松的学习及成长环境中，孩子很少感到压力，这里不会有人嘲笑你的家庭背景，也不会有人嘲笑你发言结巴，小组合作互助学习是一个可以消除孩子之间交流障碍的方式。上台分享是兴隆教学中的一个重要形式，学生从一年级就受到上台分享及发言的训练，学校给学生也提供了各种分享、表演及发言的机会。渐渐地，姊妹感受到了温暖与安全，开始以目光和语言和大人交流了。

小丽第一次在乡土课举手发言的情景至今历历在目。乡土课讲的都是孩子身边熟悉的人事物，孩子都很喜欢。那次乡土课主题是《家乡的动物》，一开课孩子们都打开话匣子积极参与，课堂讨论十分热烈。我问孩子们喜欢什么昆虫，大家踊跃举手，小丽也把手举得高高的。我马上点了她的名字。她害羞地站起来，鼓足勇气要开口说话，但话好像在嘴里怎么也吐不出来，整个教室都安静地等她，好像要帮她使劲一样。她的嘴张张合合几次，好像又忘记要说什么了，最后很不好意思地坐下。我说没关系，大家给小丽鼓掌，她能举手站起来已经很勇敢了。孩子们鼓掌后，课堂继续。我又问："有谁知道青蛙什么时候叫声最大？"她又兴奋地举手，我再次请她站起来，这次她努力张合嘴唇吞咽口水，然后发出跟蚊子一样声音，我从口型中猜出她说：下雨时。我马上说："很棒，同学们觉得她说对了吗？"同学们说："对啦！"然后孩子们又鼓掌。小丽笑得很开心地坐下了。

这以后小丽变得越发自信，上课积极举手发言，发言的声音也从蚊子声变成了青蛙声。

今天的小丽已经可以站在"兴隆大舞台"上表演、朗诵诗歌，也会自信地在放学仪式时带领全校学生背诵古训。

小丽三年级以后就住校了。住校的第一个傍晚，小丽和她的伙伴们从浴室走出来，甩着刚刚洗干净的长发，互相追逐嘻嘻哈哈笑个不停。小丽的家里没有条件洗澡，洗热水澡对她们是一种幸福。

看到小丽，我会经常想：对乡村儿童的成长而言，没有什么比一个温暖的家更重要。如果乡村的原生家庭不能带给孩子温暖，那么乡村学校就有必要承担这份责任。对乡村学校而言，一间有热水的浴室要比塑胶运动场重要，一日有营养的三餐要比班班通重要，一间温馨的阅览室要比高大

上的专科教室重要。当孩子在学校感受温暖时,他会变得有安全感有自信,也会觉得学习读书是一件自然且愉快的事。

田字格要更努力地把学校建成乡村孩子的家:有舒适的休息区,还要有慈祥的老师。而这个目标也应该成为很多乡村学校的办学目标。

三

我们从贵阳请来的学校心理辅导义工孙贵忠老师说,从小离开父母的孩子心里都有个"洞",那是缺失父爱母爱造成的洞。有洞的孩子缺少安全感,就像花儿缺少阳光一样,这样的孩子会不健康。他们不健康的通常表现就是各种"犯错"。

孙老师的话是对的。毫无例外,学校所谓的"问题学生"基本都来自缺少父爱母爱的原生家庭,他们的父母或常年不归或离异或死亡。小丽的幸运在于她在一年级就遇见了田字格,老师们会用六年的时间陪伴她,用爱帮她补洞。但那些只在田字格待一两年的孩子则没有那么幸运。

2020毕业班中的小双也是个"有洞"的孩子。

小双因为经常无故欺负人打人,总被"请"到校长室和我谈话。第一次,我和他聊起他的父母。小双说他记不得妈妈长什么样子了,但记得爸爸:"他总是打我,往死里打。"

"疼吗?"我问。

"不疼。"孩子说话时,嘴唇紧咬,目光流露出一丝恨意。

那一年,小双十岁上四年级。他已两年没有见过爸爸,更不记得妈妈是什么时候离开的。

田字格有一门课叫"生命课",重在培养孩子们感知生命,认识生命并热爱生命。课堂会经常提到要爱护身边花草和小动物。一次下了生命课,小双跑来跟我说:"我杀死过很多小动物。老师,你知道吗?用刀把蜻蜓的头割下来,它还会飞一会儿。"他的口气里没有一丝怜悯,甚至有点得意。

我想一定是课程的某个点触动了他，他才跑来找我。我不排除他想显示他的勇敢，因为他相信暴力可以解决很多问题，他的爸爸就是这样教育他的。他经常打架或被打，对疼痛的感觉或许比其他孩子要麻木。我便问他："你觉得被你杀的蜻蜓会疼吗？"小双想了一下说"嗯，不知道"。我说："你下次再杀死动物时，观察一下，看看它的身体会不会扭动、翻转。"又过几天，小双找到我说他观察了一只蚂蚁，杀死那只蚂蚁时，它真的会扭动身体。他说的时候口气好像很轻松。我又问："你觉得那是因为痛吗？"小双想了一会，说："也许，是吧。"他开始沉默，我也不说话。最后，他打破沉默说："老师，我爸打我时我也痛。但是，我发现咬牙就不疼了。"我把孩子抱在怀里，他的身体是僵硬的，但我知道，他哭了。

两年后，小双毕业前的某个夏日傍晚，几个孩子跑来很焦急地告诉我说，风雨廊有只不会飞的鸟宝宝，可鸟妈妈不见了。我告诉孩子去抓些菜虫放小鸟边上，然后人要站在五米之外，安静等待，看看鸟妈妈会不会回来喂宝宝，"千万不要吵，一吵，鸟妈妈就不敢回来了。"我叮嘱道。

两小时过去了，天色渐晚，我想起要招呼孩子们上晚自习，急急忙忙往风雨廊跑。远远地，我看见五个男孩蹲在风雨廊边上的沙坑里，一见有人要过去，他们就站起来拼命挥舞双臂让大家绕行，并做出不要发声的手势。他们在守护小鸟，等待鸟妈妈的出现。小双也在五人之列。

那一刻，我觉得孩子们在等待鸟妈妈保护弱小生命的过程中，自己也长大了。我也意识到我们的教育，关心儿童的生命与成长太少，关注儿童的结果与成绩太多。乡村学校一定要开设乡土课与生命课，这些课程不单单是培养孩子热爱家乡，敬爱自然，也帮助孩子了解生命，认识自我，而后者是孩子生命与成长的基石，也是教育的本质。

毕业前最后一个月，小双经常一个人发呆。他的成绩依然不好，数学还停留在三四年级水平，阅读速度很慢，但他不再打架、上课不打搅他人，也较少欺负女生了。他首次写了一篇400多字的毕业作文，讲述他三年级的故事，字迹工整，故事完整。小双要求把这作文带回家留纪念，并跟我

说,以后不一定还能写这么好了。我问为什么,他说,李老师帮我改了太多遍才成这个样子。我说,别那么悲观,说不定你去格林中学也能遇见一个李老师那样耐心的老师呢,加油!

我曾找过小双的爷爷,问有没有办法让小双再在田字格留一年。小双爷爷表示很难开到证明,小双自己则说他觉得自己没有那么多力气了。我明白他的意思,他很怕自己一个人孤单,毕竟伙伴们都毕业离开了。

小双走了以后还没有回过学校,听说他上周在学校又打架了。这在我意料之中,因为我们给小双"补洞"的时间太短了。

儿童在幼年时期留下的心理创伤最好在进入青春期前弥补,越晚补效果越差。乡村基础教育最好从幼儿园抓,最迟从小学开始。

四

阿富班上的同学小宋这学期转到县城新开的第五小学读书了。小宋是个和阿富、小丽一样普通的乡下孩子,父母用在外地打工积攒了10来年的积蓄在县城买了一套小房子。"主要是为了将来娃上学方便",小宋的爷爷解释道。爷爷表示虽然他和孩子真的喜欢兴隆田字格学校,但如果继续在兴隆上学,孩子毕业时只能去格林镇或太平村读初中。而现在去县城读小学,小学毕业以后就可以直接在县城读初中。

县城每间小学学生人数三四千不等,班级人数控制在55人左右,年级班数则可多达10个。每天中午小宋爷爷到校门口接小宋回家吃饭,校门打开时他看到壮观的蓝白色彩像潮水一样涌来,老人眼神不好,努力鉴别哪朵浪花是小宋,最后总是穿着蓝白校服的小宋先找到爷爷。

有一次我在县城碰见了小宋和爷爷,爷爷抱怨说,在新学校学生太多了,小宋很难有上课发言的机会,至今也还没有交到什么朋友。爷爷还说,自己离开了熟悉的村庄,离开了土地,整天除了接送孙子之外不知道该做什么,"一点儿也不习惯"。我安慰爷爷不要着急,县城的学校确实和兴隆不同，那里每个班有五十几个孩子，老师不可能细致地照顾到每个孩子的需求。分手时，爷爷牵着小宋的手，满脸焦虑。

虽然县城的每间学校都爆满，但依然解决不了县城上学难的问题。县城学校的硬件设施都很好，甚至不比上海一些学校差。方便、热闹、待遇等诸多因素也让县城学校聚集了全县最好的师资力量。于是，村里的家长开始焦虑，他们想方设法着急上火地要把娃送到县城读书，怕娃日后读不上书。于是，村小的学生越来越少，师资力量越来越弱，县城的学校越来越多，班容越来越大。

因工作的关系，我有机会参访不同的县城小学、乡镇小学和村小。参访时，我常会有一种感觉，觉得县城教育与乡村教育像是一场博弈，一个贪婪的巨婴与虚弱老人的博弈。巨婴为了生存不得不抢占更多的营养和资源，有时还会从老人嘴里抢食。老人本来就先天体弱，后天又营养不良，遇到巨婴抢食也只能拱手相让。

我有时会想，为什么不可以让巨婴和老人联手办学呢？比如，我们可以把县城周边大批闲置或生源明显不足的村小建成县城学校的卫星学校，县城学校与卫星学校共享教育资源，共享师资。为解决留守儿童无人照顾的问题，甚至可以考虑像田字格一样建立住宿制。这样既分散了县城的就学压力，又解决了乡村师资不足及教育资源不够的问题。让县城小学与村小联合办学，让"巨婴"走向乡村，不仅可以让"巨婴"变得健康，也会让"老人"因获得新资源而富有新的生命力。

如果那样，小宋的家人或许就不需要在县城买房，让孙子挤在茫茫的白蓝人潮中深一脚浅一脚地找家长。小宋可以轻松快乐地在乡村的小班小校中享有好的教育，爷爷也可以在乡下颐养天年。

五

无论县里的学校有多兴旺，正安县乡村还有近万名阿富、小丽和小双，他们迫于生活压力与家庭条件，只能留在村小读书，别无选择。

为了更多的阿富、小丽和还没走的小宋，田字格公益2020年和中国发展研究基金会及正安县教育局联合推出"乡土村小"项目，第一年计划在25所村小推广田字格的乡土课及日修课。并于2021年秋推广到50所村小。团队受命之初，深感责任在肩，将三年积累的乡土课程经验详细地用教案、课件和教具打包呈现，并诚邀地方老师加入共创乡土人本教育。

8月暑期，团队和全县村小上百名"田字格种籽教师"及校长进行了为期三天的培训，种籽教师的教育热情被点燃，他们第一次感受到作为乡村教师的价值被尊重被发掘，他们感受到了新的教学形式带来的冲击与力量，他们热忱地希望在家乡的大地上与田字格一起为乡村孩子带来更富有生命力的课程。大家摩拳擦掌，热情高涨，一起在正安的大地上欢呼：这里就是诗和远方。这些被称为"田种籽"的乡村教师一起共创了一首《"田种籽"教育之歌》：

乡土人本教育是一缕唤醒田种籽求生欲的春风

乡土村小是爱的田园

是展现自我的平台

是农村成长的摇篮

田种籽是在乡土田野里播撒的希望

能带上飞翔的翅膀

飞向山涧

飞向田野

播种希望

成就孩子的梦想

乡土村小是梦开始的地方

她像一抹温暖的阳光照射在孩子稚嫩的脸上

乡土人本教育给老师们带来了新的挑战

同时给大山深处的孩子们带来福音

愿她在每一寸土地上生根、发芽、开花、结果

课堂不是一个简单的教的过程
它应该是一个充满活力的课堂
一个有趣的活动
乡土人本教育让课堂教学形式更加丰富
充实了知识的获取途径
有爱的教育在于人人参与

诗，抒发了我们的情怀，远方，还需我们跋山涉水。

近年来每逢有新政策出台，我们都欢呼鼓舞：中共中央国务院发布的《关于全面加强新时代大中小学劳动教育的意见》，教研部的《中小学综合实践活动课程指导纲要》，教育部等11部门的《关于推进中小学生研学旅行的意见》，教育部等八部委联合印发的《关于进一步激发中小学校办学活动的意见》《深化新时代教育评价改革总体方案》，这些政策让我们看到希望。我们兴奋地发现乡土人本教育、乡土村小项目是和当前国家的发展重点及教育趋势最吻合的教育理念及课程。田字格乡土人本教育注重培养孩子亲近自然，亲近土地，教育孩子爱自然爱家乡，这符合国家乡村振兴的大方向。乡土人本教育注重实践，注重做中学，玩中学，在劳动在实践中培养孩子的品德和动手生存能力。学以致用，热爱劳动，培养孩子的综合能力及素养，这也符合国家的新时代教育大方向。

而现实是，开学不到一个月，我们就面临至少有四所项目学校因种籽老师调离而不能开课的情况。还有6所学校因为教师的调离让课程开展步履维艰。我们今年的项目校由原来的25所学校被迫降为20所，一些学校即使开了课程也不能按时按量完成。本学期25所村小学生人数也从2019年秋季的2250人下降到1965人。我们预估，明年村小的数量和人数还会持续下降，超过50名学生的村小都是大村小。我们知道，上调到镇上甚至县城的

老师是不会再回到乡村的,因为县城的条件要比乡镇好。乡村教师的职业发展规划也是从村小调到乡镇,从乡镇升到县城。

说到底,接二连三发布的政策并没有根本性扭转乡村优质教师资源匮乏的问题,对乡村资源价值的忽视、对儿童生长规律的认识不足,使发布的政策治标不治本。

田字格团队内部把"乡土村小"项目自称为"村小保卫战"。这个命名不仅道出我们的使命感也说明项目的紧迫感。

乡镇化和城市化是大势所趋,但这并不意味着教育也是一个去乡村化、丢失乡土文化、让一间间村小消亡的过程。城市化,乡镇化不应该以放弃乡土为代价。我们已经看到日本、韩国和中国台湾地区的经验与教训,中央提出要振兴乡村,关键是要把乡村的根留住,而村小就是乡村的根。我们必须认识到:没有孩子的村庄是没有希望的村庄,没有学校的村庄是没有未来的村庄。有些东西,丢失了,可能就捡不回来了。乡土文化和乡村小学就属于一旦丢失就难以捡回的瑰宝和法宝。

中国今天的乡村缺少一整套完整的根据乡村教育特点及乡村儿童需要建立的教育理念及课程体系。这是田字格正努力实践的内容。我们希望乡土人本教育不仅能培养立足乡土,敬畏自然的孩子,同时也强调教育要回归人本。人本就是以学生为本、以教师为本、以教育为本,强调从儿童的需要出发,尊重儿童的天性,发掘儿童,学习一切与儿童生命及生活息息相关的内容,采用儿童喜闻乐见的形式进行教学。

乡村儿童最需要什么?首先,他们需要一个像家一样温暖温馨的学校,以填补他们原生家庭中温暖和爱的缺位,让他们在成长的过程中内心充满阳光,脸上充满灿烂,对未来充满希望。其次,他们需要从自己生活的乡土中汲取生命的力量,找到生存的智慧,学会生活的技能,学会学习的能力,以支撑他们未来可以自信地留在大山能生活,走出大山能生存。最后他们需要一个被当作未来国家主人、未来公民被尊重的教育环境,这样无论他们是否是"栋梁之才",都能成为一个快乐健康有责任有担当的国家公民。

我并不反对精英教育，但我反对唯精英教育论。唯精英教育必然产生教育的都市本位化和唯分数论的现象。一个国家的教育不能只培养栋梁之材，因为平地起高楼，不仅需要栋梁也需要砖瓦和泥土。唯精英教育看不见阿富和小丽这样的乡村普通娃，更不关心小双心理残缺的"洞"，却可以忽悠着小宋和爷爷拼命挤到县城从小学开始打拼，而大概率事件是小宋最终在中考或高考中成为精英们的垫脚石或陪练，最后用一生的时间疗治作为"失败者"的心灵创伤。

根据2013年教育部统计，从全国范围来看，农村中学生占54.63%，城市中学生占45.37%，占中学生总人数54.63%的农村学生，考入北大的仅仅只有16.3%，而占中学生总人数45.37%的城市学生，考入北大的却占83.7%。原因很简单，城乡教育资源严重不平衡。[①]虽然农村学生本科的录取率并不低，但是农村学生多数存在于二本、三本，以及专科院校。他们在教育方面投入的成本并不比城市本科大学生低，但是就业质量却弱很多。

不仅如此，中国有一亿个阿富和小丽，他们只有50%升高中的概率，更多的可能是在初中或高中毕业后加入浩浩荡荡的打工队伍。这些鲜活的生命在中国大地的城乡成为一砖一瓦建设者，服务着这个国家，他们可能送外卖，可能摆地摊，也可能是饭店服务员或者网上电商。我们的教育必须让砖瓦及钢筋水泥也能感受到存在的价值及意义，让亿万乡村人、打工者健康快乐地有安身立命的自信、技能和能力，那也是国家的财富和人民的福祉啊。

如果我们希望中国崛起，那么首先需要教育崛起，而教育的崛起则是一个多元化的过程。作为世界第一强国的美国不仅有世界一流的大学，一流的精英教育，也有世界一流的大众普及教育；德国不仅有一流的汉堡大学也有优秀的职业教育体系；丹麦是蝉联世界幸福指数第一的国家，因为它的基础教育一直在培养幸福快乐的普通公民。中国的教育除了精英教育，还应该有大众教育，更应该有富有特色的乡村教育，以不同的教育形式满

---

① 数据引自《北大清华学生多少来自农村》，2020年9月7日。

足不同的社会需要及国家需要。乡土人本教育是为乡村孩子孕育而生的教育,是属于乡村娃的教育,这种教育就是让普通的乡村娃也能有幸福快乐的人生,找到自身生存的价值,让每一个生命绽放精彩的光芒。

祖国要振兴乡村,需要先振兴乡村教育,需要先推动乡村教育公平。而城乡教育公平与否不能依靠几个分数和一场高考来评判,而需要建立多元评估体系,需要资源调配大幅度地对乡村倾斜,甚至需要国家对乡村及弱势群体给予特殊的倾斜政策。振兴乡村教育需要国家给乡村教育另外的生存和发展空间。目前教育部及国家各种政策在乡村推行尚有难度是可以理解的,因为唯分数论的思想文化固若金汤,因为高考依然只是乡村子弟改变命运的唯一通路,因为体制大国家大难掉头。那么我们可以考虑像改革之初国家建立经济特区一样,尝试建乡村教育的试点特区。我们应该鼓励乡村教育探索与创新,不唯分数论,脱离应试教育体系,大力兴办有爱有温暖的乡村学校,开设适合乡村孩子成长的课程,包括农耕、自然、乡土、生命课程。乡村教育特区的教育要更乡土更人性更有生命力,培养孩子们的自信和对家乡的自豪与爱。

中国需要为乡村教育振兴建立试点特区,并需要用法律来保护变革及政策提醒,之后才有机会全国推广,消除行政阻力。参照美国及日本保护乡村教育的立法经验,中国也需要《中国乡村教育保护法》或《中国乡村教育振兴法》。如此,教育部颁发的那些令人兴奋的好政策才能在广大的乡村学校得以贯彻执行。

六

这学期阿富的班上又转来了两位新同学,他们是从很远的碧峰乡转来的。为了来兴隆田字格读书,他们的家长需翻山越岭单程驱车两小时才能把孩子送到学校。田字格兴隆小学有近二十位这样的学生,他们或从县城或从其他乡镇转学而来,家长们只为了让孩子除了学习知识以外,也能接受一种感受到生活意义及生命价值的教育，一种教会孩子做人、做事、学习的教育。

这些家长热爱并支持田字格乡土人本教育理念，他们积极为学校捐款、当学校的义工、参与各种学校活动，并积极宣传田字格理念。他们像一股清泉在正安的大地上欢快地奔涌。

每当我想到，在贵州如此偏远的小县城竟然有这么多开明的家长，再联想到那些充满教育热诚的种籽教师，想到她们会如此勇敢地追寻好教育时，我和我的团队伙伴就会备受鼓舞，勇气倍增，觉得远方是如此美丽，只需吾辈披荆斩棘，勇往直前。

上周末，两个刚刚毕业在县城读书的孩子回校了，她们见到老师兴奋不已，话不停。

"老师，你知道吗？我们班只有我一个农村来的，全班，就我一个。"小吕大声说，语气有点得意。

"哈，那有你显摆的地方了。你有没有和同学讲你认识多少种山里的植物？"我笑着回应。

"有啊，老师！我跟他们说田字格是怎么上课的，学了什么。结果呢，她们就说我吹牛！她们说：'不可能有这样的学校的，你就吹吧。'老师，她们觉得我在骗她们。"小吕大声讲大声笑。

边上的小王同学在另外一所县城初中就读，也抢话说："老师，我们班同学也说我吹牛，他们根本就不相信有学校会让学生主持会议还投票什么的。老师，我们全班所有同学都不知道什么是研究课，也没有外出研学过。"

她们的谈话充满了对学校的骄傲与自豪，也充满了对家乡的无比自豪，因为这所学校属于她们的村庄。

此时，夕阳打在两位少女的脸庞上，我仿佛看到自信、阳光和花儿一样的美丽诗意般自远方而来。

远方无论多远，我依然会吟诗前往。

2020年10月5日星期一，上海

兴隆不让——田字格兴隆小学校歌

郑同僚　肖诗坚　萧泽伦/词
萧泽伦/曲

天楼①外,芙蓉②畔,蓬草③漫漫稻花香;
山路弯,云雾长,兴隆学子立山冈。
爱自然,护家乡,天地玄黄④瞰四方;
求真理,敬生命,宇宙洪荒,我力量达远方。

学精进⑤,思无邪⑥,脚踏泥土,胸怀梦想;
心向善,有义方⑦,先圣先贤教我一生坦荡荡⑧。

一笔一划,我们写在田字格上有盼望;
一步一印,我们走在通向未来的路上。
兴隆茁壮,我们立志创造,无限希望;
潜龙⑨莫妄,我们从容不迫,厚积薄发⑩。
当仁不让,我们迈开脚步,勇向前闯;
温柔坚强,我们顶天承担,责任一肩扛。

悠然而自得、古道而热肠,气宇轩昂⑪。

注释：

①天楼：指天楼山，正安第一高峰，海拔1785米，峰顶是天然草场。

②芙蓉：指芙蓉江，正安县一条主要河流，也有正安县母亲河之称，属乌江水系。兴隆学校边上的石梁河在鱼塘处汇入芙蓉江。

③蓬草：学名"小蓬草"，在正安县随处可见，生命力旺盛。

④天地玄黄　宇宙洪荒：说的是开天辟地和宇宙的诞生。天地是怎样形成的？宇宙形成以后的初期又是什么样子？"天地玄黄"一句出自《易经》。《易经》里说"天玄地黄"，这里为了押韵改作"天地玄黄"。"宇宙洪荒"出自《淮南子》与《太玄经》。《淮南子》里说"上下四方叫作宇，古往今来叫作宙"。玄，在颜色上指的是深蓝近于黑的颜色，叫玄。在意义上来说，指的是高远、高深莫测，叫玄。地黄也有两重意思。上古时期，夏商周都在黄河流域立国、建都，中国的传统文化，如果再缩小范围，应该说是黄河流域的文化。黄河是母亲河，水的颜色是黄的、土的颜色也是黄的，农作物黍、稷都是黄的，所以说地黄。

⑤精进：精明上进，锐意求进。

⑥思无邪：语出《论语·为政第二》，子曰："《诗》三百，一言以蔽之，曰思无邪。"《论语今读》中的注文是："《诗经》三百首，用一句话概括，那就是：不虚假。"

⑦有义方：语出《三字经》：窦燕山，有义方。《朱子家训》中有"教子要有义方"。义方：做人的正道。

⑧坦荡荡：出自《论语》：君子坦荡荡，小人常戚戚。

⑨潜龙：最早出自《易经》第一卦：乾☰乾为天，乾下乾上。初九：潜龙，勿用。本处改为"潜龙莫忘"，意在鼓励学生虽为大材，也要不忘潜心做人。

⑩厚积薄发：做好充分准备，蓄势待发。

⑪气宇轩昂：精力充沛，风度不凡。

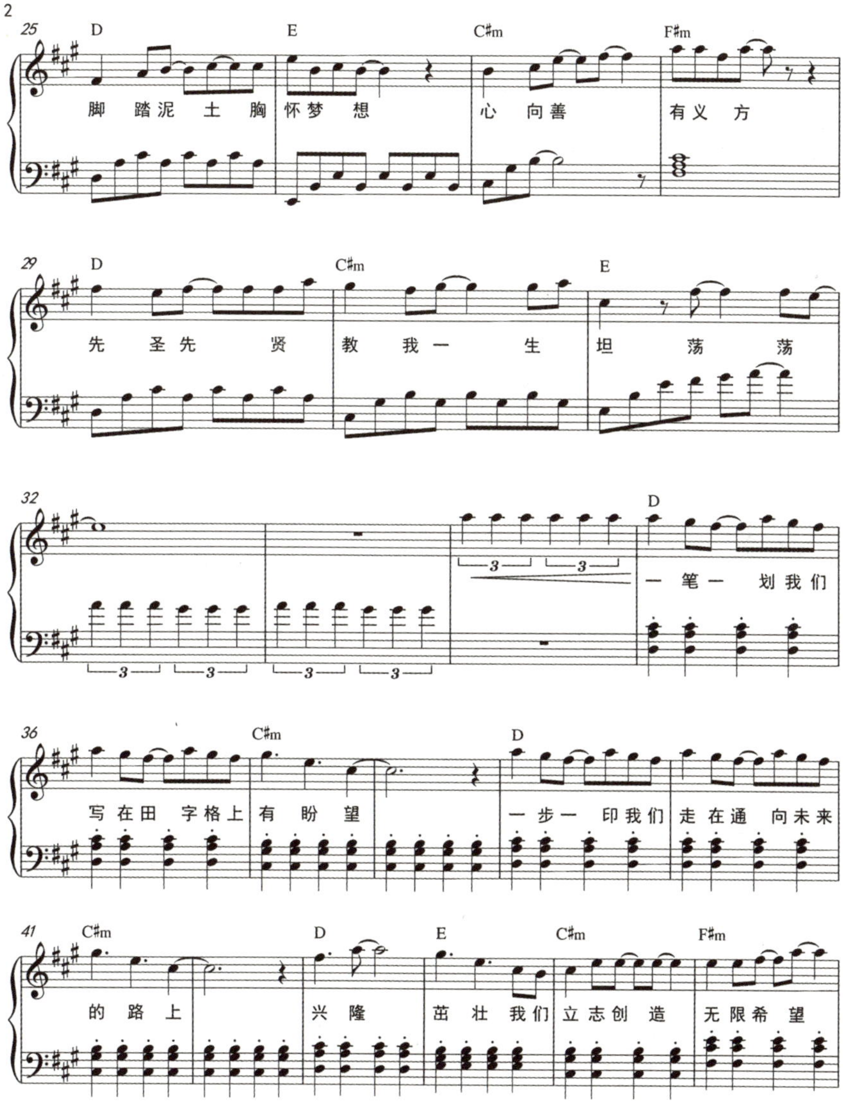
2
25 D E C#m F#m
脚 踏泥 土 胸 怀梦 想 心 向善 有义 方
29 D C#m E
先 圣先 贤 教 我一 生 坦 荡 荡
32 D
3 3 3 3 3 3 3 3
一 笔一 划我们
36 C#m D
写在田 字格上 有 盼 望 一 步一 印我们 走在通 向未来
41 C#m D E C#m F#m
的 路 上 兴 隆 茁 壮 我们 立志创 造 无限希 望

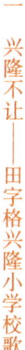

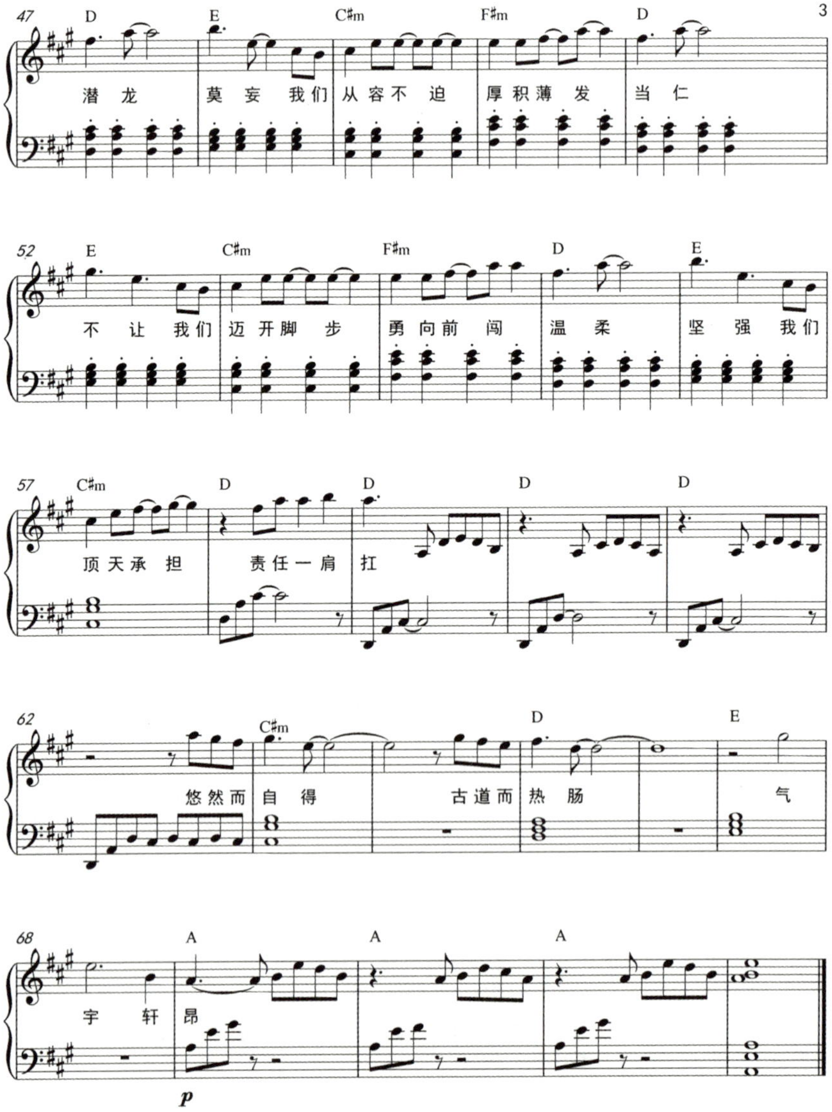
3
47
D E C#m F#m D
潜 龙 莫 妄 我们 从 容 不 迫 厚 积 薄 发 当 仁
52
E C#m F#m D E
不 让 我们 迈 开 脚 步 勇 向 前 闯 温 柔 坚 强 我们
57
C#m D D D D
顶 天 承 担 责 任 一 肩 扛
62
C#m D E
悠 然 而 自 得 古 道 而 热 肠 气
68
A A A
宇 轩 昂
p

特别鸣谢

田字格兴隆实验小学学术顾问

储朝晖　中国教育科学研究院研究员
丁建红　无锡大桥实验学校小学部校长
范国睿　华东师范大学教育学系教授
刘云杉　北京大学教育学院教授、副院长
罗　燕　清华大学教育研究院副教授
钱民辉　北京大学社会学系教授
孙霄兵　国家督学、中国教育发展战略协会执行会长，教育法制战略
　　　　委员会理事长
滕　星　中央民族大学教育学院教育人类学教授
杨东平　21世纪教育研究院院长，国家教育咨询委员会委员
郑新蓉　北京师范大学教育学部教育基本理论研究院院长，教授

后记

本书的主要文章来自"诗坚"公众号上《校长札记》栏目的大部分内容。这些文章记录了我四年多来在贵州办学期间的一些故事及一些对教育的思考。非常感谢人民日报出版社，让我有机会将这些零散的记录整理出版。

《校长札记》曾在2019年做过一次内部出版，当时专职苗苗将2019年4月前的文章做过一次统整，钰佳还曾设计过精美的封面。本次将《校长札记》自2017年至2020年发表的文章整理为《大山里的未来学校》一书，得到了专职王莹的大力协助，我对她们的努力及贡献深表感谢。

本书的另一部分文章来自我在不同论坛及不同场合上的讲话。这些讲话也集中表达了我对教育的认识与理解。

最后，本书还收集了兴隆学生创作的优秀诗歌。

在统整本书时，我将所有文章依照《兴隆六观》即自然观，乡土观，生命观，学习观，师生观，未来观六观进行分类，编排六章。兴隆六观概括了我对这六个观念的理解。这些观念是乡土人本教育理念的基石，指导着我们的教育教学的探索。《兴隆六观》的每一观在实践中并非孤立存在，而是相互交融，所以一些文章或案例可能会同时表现两个甚至三个观念，我则按照文章的侧重进行归类。

我在梳理这些文章时还遇到两个困难，一是因为时间及场合不同，有些内容会有重复之处，二是同一概念在不同时间的文章上表述会有不同。田字格乡土人本教育是在实践中不断发展不断修正的教育体系，所以为了真实记录，我思考再三，决定在统整本书时，依旧保留每篇文章撰写的时间，同时对当时表达不当的概念做调整及修订，以让我自己及读者可以看到乡土人本教育成长的过程及历程。日后择时，我将另外撰书系统阐述乡土人本教育理念及课程体系。

我要借此机会特别感谢我的先生杨小冬，他是本书中很多文章的第一读者并曾给其中很多文章提过宝贵的意见；我的顾问郑同僚教授，也是诸多文章的第一读者，也为本书中的很多文章提供过宝贵意见；我亲密的伙伴王莹、田艳莉、孔美、段和平也曾给其中一些重要文章提供过宝贵意见，在此一并感谢。

钱理群先生及杨东平教授在百忙之中为本书作序，我深感荣幸并心怀感恩。他们对教育公平的追求，对年轻人的鼓励与支持，不仅是我学习的榜样，也激励我要坚持走乡村教育探索之路。

贵州大学孙兆霞教授，我在国务院发展研究中心的老上级孙方明老师都推动了本书的出版。否则以我懒惰的性情，这些文章还依旧散落在电脑及读者不多的诗坚公众号上，无缘与读者见面。

最后，我要感谢本书的责任编辑蒋菊平、徐澜，她们的热情及认真负责也是促成本书出版的动力之一。

田字格走到今天，得益于我的家人及众多田杆、格格格子、田粉及朋友的支持和帮助，我也借此机会一并感谢。

一笔一划，让我们在田字格上书写明天。

肖诗坚

2020年10月16日于兴隆

图书在版编目（CIP）数据

大山里的未来学校 / 肖诗坚著 . — 北京：人民日报出版社，2021.4
ISBN 978-7-5115-6840-3

Ⅰ.①大… Ⅱ.①肖… Ⅲ.①乡村教育－教育工作－贵州－文集 Ⅳ.① G725-53

中国版本图书馆 CIP 数据核字（2020）第 255227 号

书　　名：	大山里的未来学校 DASHANLI DE WEILAI XUEXIAO
著　　者：	肖诗坚
出 版 人：	刘华新
责任编辑：	蒋菊平　徐　澜
版式设计：	九章文化
出版发行：	人民日报出版社
社　　址：	北京金台西路2号
邮政编码：	100733
发行热线：	（010）65369509　65369527　65369846　65363528
邮购热线：	（010）65369530　65363527
编辑热线：	（010）65369528
网　　址：	www.peopledailypress.com
经　　销：	新华书店
印　　刷：	北京中科印刷有限公司
法律顾问：	北京科宇律师事务所　010-83622312
开　　本：	710mm×1000mm　1/16
字　　数：	252 千字
印　　张：	18.25
版次印次：	2021 年 4 月第 1 版　2025 年 8 月第 6 次印刷
书　　号：	ISBN 978-7-5115-6840-3
定　　价：	58.00 元